Nikolaj
Gogol

SCHRECKLICHE RACHE

Aus dem Russischen von *Walter Koschmal*

Mit einem Nachwort
von *Hamid Ismailov*

FRIEDENAUER PRESSE

Inhalt

SCHRECKLICHE RACHE

I. KIEWS Vorstadt lärmt und dröhnt: Der Kosakenhauptmann Gorobez feiert die Hochzeit seines Sohnes. Viele Menschen sind zum Hauptmann zu Gast gekommen. In alter Zeit aß man gerne gut, noch lieber trank man viel, und noch lieber war man lustig. Auf seinem braunen Pferd kam der Saporoger Mikitka direkt von einem ausgelassenen Trinkgelage auf dem Pereschljai-Feld, wo er sieben Tage und sieben Nächte lang die königlichen Schlachtschitzen mit Rotwein bewirtet hatte. Es kam auch der Blutsbruder des Hauptmanns, Danilo Burulbasch, zusammen mit seiner jungen Frau Katerina und seinem einjährigen Sohn vom anderen Ufer des Dnjepr, wo sein Weiler zwischen zwei Bergen lag. Die Gäste staunten über das weiße Gesicht der Pani Katerina, über die Brauen, schwarz wie deutscher Samt, über das prächtige Gewand, den Rock aus blauer Seide und über die silberbeschlagenen Stiefel; aber noch mehr staunten sie, dass ihr alter Vater nicht mit ihr gekommen war. Erst ein einziges Jahr lebte er am anderen Ufer des Dnjepr, doch einundzwanzig Jahre war er verschollen gewesen und kehrte zu seiner Tochter zurück, als sie schon verheiratet war und einen Sohn geboren hatte. Er hätte sicher viel Wunderliches erzählen können. Wie auch nicht, wenn man so lange in einem fremden Land war! Dort ist ja alles anders: Die Menschen sind andere, und christliche Kirchen gibt es dort nicht… Doch er war nicht gekommen.

Den Gästen wurde Schnaps mit Rosinen und Pflaumen angeboten und auf einer großen Platte das Hochzeitsbrot. Die Musikanten hörten einen Moment auf zu spielen, legten die Zimbeln, Geigen und Pauken neben sich und griffen nach der unteren Brotkruste, in die Geld eingebacken war. Indessen wischten sich die jungen Frauen und Mädchen mit bestickten Tüchern den Mund ab und stellten sich wieder aus ihren Reihen zum Tanz auf; während die Burschen die Hände in die Hüften stemmten und stolze Blicke um sich warfen, bereit ihnen entgegenzutanzen, brachte der alte Kosakenhauptmann zwei Ikonen, um die Jungverheirateten zu segnen. Diese Ikonen hatte er von einem ehrwürdigen Einsiedler, vom alten Warfolomei bekommen. Sie waren weder reich verziert noch glänzten sie vor Silber oder Gold; aber keine unreine Macht hatte Gewalt über den, der sie in seinem Haus hatte. Der Hauptmann hob die Ikonen hoch und wollte ein kurzes Gebet sprechen, als plötzlich die erschrockenen, auf der Erde spielenden Kinder losschrien, dann wichen auch die übrigen Leute zurück und zeigten voller Angst auf einen Kosaken, der mitten unter ihnen stand. Wer er war, wusste niemand. Er hatte schon einen prächtigen Kosakentanz hingelegt und die Leute, die sich um ihn drängten, zum Lachen gebracht. Als aber der Hauptmann die Ikonen emporhob, veränderte sich auf einmal dessen ganzes Gesicht: Die Nase wurde länger und bog sich zur Seite, die bisher braunen Augen wurden grün, die Lippen blau, das Kinn erzitterte und wurde spitz wie ein Speer, aus dem Mund zeigte sich ein Hauer, hinter dem Kopf wuchs ein Buckel, und der Kosake wurde zum Greis.

»Er ist es! Er ist es!«, schrien die Leute und drängten sich aneinander.

»Der Zauberer ist wieder erschienen!«, schrien die Mütter und packten ihre Kinder an den Händen.

Majestätisch und würdevoll trat der Kosakenhauptmann vor und sagte mit lauter Stimme, während er die Ikonen dem Zauberer entgegenhielt:

»Verschwinde, Abbild des Satans, hier ist kein Platz für dich!« Der wunderliche Alte knurrte und fletschte die Zähne wie ein Wolf und verschwand.

Wie das Meer im Sturm brauste es in der Menge; man lärmte, man sprach durcheinander.

»Was ist das für ein Zauberer?«, fragten die jungen und unerfahrenen Leute.

»Ein Unglück droht!«, meinten die Alten und wiegten bedenklich die Köpfe.

Auf dem großen Hof des Kosakenhauptmanns fanden sich die Menschen überall zu kleinen Gruppen zusammen und lauschten den Erzählungen über den wunderlichen Zauberer. Aber fast jeder erzählte etwas Anderes, und etwas Sicheres konnte niemand über ihn erzählen.

Ein Fass Met wurde auf den Hof gerollt, und es wurden nicht gerade wenige Eimer griechischen Weins hingestellt. Alle vergnügten sich wieder. Die Musikanten schmetterten los; die Mädchen und jungen Frauen und die wackeren Kosaken begannen in bunten Röcken zu tanzen. Selbst Neunzig- und Hundertjährige drehten sich nach einigen Gläsern im Tanz, gedachten der nicht umsonst gelebten früheren Jahre. Bis in die späte Nacht wurde gefeiert, und man feierte so, wie man heute nicht mehr feiert. Die Gäste brachen auf, aber nur wenige von ihnen gingen nach Hause. Viele blieben und übernachteten auf dem großen Hof des Hauptmanns; und noch viel mehr Kosaken schliefen ungebeten unter den Bänken, auf dem Boden, neben den Pferden und beim Stall; wo er vor Rausch hinfiel, da blieb der Kosakenkopf liegen und schnarchte über ganz Kiew.

Still leuchtet es über die ganze Welt: Der Mond tritt hinter dem Berg hervor. Wie mit einem wertvollen schneeweißen Damastschleier verhüllt er das bergige Ufer des Dnjepr, und die Schatten ziehen sich in das Dickicht der Kiefern zurück.

Mitten auf dem Dnjepr schwamm ein Eichenboot. Vorne sitzen zwei Burschen; die schwarzen Kosakenmützen schief auf der Seite, und unter den Rudern fliegen, wie Funken vom Feuerstein, Spritzer nach allen Seiten.

Warum singen die Kosaken nicht? Warum sprechen sie nicht davon, dass schon polnische katholische Pfaffen die Ukraine durchstreifen und das Kosakenvolk zu Katholiken umtaufen und sie zwei Tage lang am Salzsee gegen die Tatarenhorde kämpften? Wie sollen sie auch singen, wie von kühnen Taten reden – ihr Pan Danilo ist in Gedanken versunken, und der Ärmel seines karminroten Rocks hängt aus dem Boot und schöpft Wasser; und Pani Katerina wiegt still das Kind und wendet kein Auge von ihm, und auf das von keiner Decke umhüllte Festkleid sprüht graues Wasser nieder.

Schön ist es, von der Mitte des Dnjepr auf die hohen Berge, auf die weiten Wiesen, auf die grünen Wälder zu schauen! Diese Berge sind keine Berge: Sie haben keinen Fuß, oben wie unten ist ein spitzer Gipfel, und sowohl unter als auch über ihnen ist hoher Himmel. Auch die Wälder auf den Anhöhen sind gar keine Wälder: Es sind Haare, die auf dem struppigen Kopf des Waldgreises gewachsen sind. Seinen Bart umspült Wasser, und unter dem Bart und über den Haaren ist der hohe Himmel. Auch die Wiesen sind keine Wiesen: Ein grüner Gürtel ist es, der den runden Himmel in der Mitte umgürtet; und in der oberen und in der unteren Hälfte wandelt der Mond.

Aber Pan Danilo blickt nicht auf die Ufer, er blickt auf seine junge Frau.

»Warum bist du so traurig, meine junge Frau, meine goldene Katerina?«

»Ich bin nicht traurig, mein Pan Danilo! Mich haben die wunderlichen Erzählungen über den Zauberer erschreckt. Es heißt, er sei schon so schrecklich geboren worden, und von klein auf wollte keines der Kinder mit ihm spielen. Höre, Pan Danilo, was Entsetzliches erzählt wird: Ihm schien immer, dass alle über ihn lachen. Traf er an einem dunklen Abend auf irgendeinen Menschen, dann kam es ihm so vor, dass der den Mund aufmacht und seine Zähne bleckt. Und am nächsten Tag haben sie diesen Menschen tot aufgefunden. Mir war so seltsam, so schrecklich zumute, als ich diese Geschichten hörte«, sagte Katerina, holte das Tuch heraus und wischte damit das Gesicht des auf ihren Armen schlafenden Kindes ab. Auf das Tuch hatte sie mit roter Seide Blätter und Beeren gestickt.

Pan Danilo sagte kein Wort, sah nach der im Dunkeln liegenden Seite, wo weit hinter dem Wald ein schwarzer Erdwall zu erkennen war, und hinter dem Wall erhob sich ein altes Schloss. Über seinen Brauen erschienen plötzlich drei Falten: Mit der linken Hand strich er sich über den prachtvollen Schnurrbart.

»Nicht das ist schrecklich, dass er ein Zauberer ist«, sagte er, »schrecklich ist, dass er ein böser Gast ist. Was fiel ihm ein hierherzuziehen? Ich habe gehört, die Polen wollen irgendeine Festung bauen, um uns den Weg zu den Saporogern abzuschneiden. Mag das nur wahr sein … Ich werde sein Teufelsnest zerstören, sowie nur das Gerücht aufkommt, dass bei ihm irgendein Versteck ist. Ich werde den alten Zauberer verbrennen – nicht einmal mehr die Raben werden etwas zu picken haben. Ich denke mir auch, dass er nicht wenig Gold und anderes Gut hat. Hier wohnt dieser Teufel! Wenn er Gold hat … Wir werden gleich an Kreuzen vorbeifahren – das ist der Friedhof! Dort modern seine unreinen Vorfahren. Es heißt, für wenig Geld seien sie alle bereit gewesen, sich mit ihrer Seele und ihren zerfetzten Röcken dem Teufel zu verschreiben. Sollte er wirklich Gold haben, dann dürfen wir nicht lange zögern – nicht immer erbeutet man es im Krieg …«

»Ich weiß, was du vorhast: Die Begegnung mit ihm verheißt mir nichts Gutes. Doch du atmest so schwer, schaust so streng, deine Brauen sind so finster über den Augen zusammengezogen!«

»Sei still, Weib!«, sagte Danilo wütend. »Wer sich mit euch einlässt, wird selbst zum Weib. Bursche, gib mir Feuer für die Pfeife!« Da drehte er sich zu einem der Ruderer um, der klopfte die glühende Asche aus seiner Pfeife und begann sie in die Pfeife seines Herrn zu stopfen. »Sie will mir mit dem Zauberer Angst machen!«, fuhr Pan Danilo fort. »Der Kosake fürchtet Gott sei Dank weder Teufel noch Pfaffen. Das wäre ja noch schöner, wenn wir auf unsere Weiber hörten. Nicht wahr, Burschen? Unser Weib ist die Pfeife und der scharfe Säbel!«

Katerina schwieg und blickte auf das schlafende Wasser, das der Wind kräuselte, und der ganze Dnjepr schimmerte silbern wie ein Wolfsfell in der Nacht.

Das Boot wendete und hielt sich am bewaldeten Ufer. Am Ufer war ein Friedhof zu sehen: Alte Kreuze drängten sich aneinander. Kein Schneeballstrauch wuchs zwischen ihnen, kein Gras grünte; nur der Mond wärmt sie von der Höhe des Himmels.

»Hört ihr die Schreie, Burschen? Jemand ruft uns zu Hilfe!«, sagte Pan Danilo und wandte sich seinen Ruderern zu.

»Wir hören die Schreie, anscheinend kommen sie von dort«, sagten die Burschen zugleich und zeigten auf den Friedhof.

Doch alles war wieder still geworden. Das Boot wendete und fuhr um das vorspringende Ufer herum. Plötzlich ließen die Burschen die Ruder los und starrten auf einen Fleck. Auch Pan Danilo war wie erstarrt: Angst und Schrecken fuhren den Kosaken ins Blut.

Auf einem der Gräber wankte das Kreuz, und leise erhob sich daraus ein ausgetrockneter Leichnam. Der Bart reichte ihm bis zum Gürtel, an den Fingern lange Krallen, länger als die Finger selbst. Langsam hob er die Arme. Sein Gesicht erbebte und verzerrte sich. Anscheinend litt er entsetzliche Qualen. »Ich bekomme keine Luft, ich bekomme keine Luft!«, stöhnte er mit wilder, unmenschlicher Stimme. Die Stimme schnitt einem wie ein Messer ins Herz, und plötzlich verschwand der Leichnam wieder in der Erde. Da wankte ein anderes Kreuz, und wieder erhob sich ein Leichnam, noch schrecklicher, noch höher als der vorige; er war ganz mit Haaren bewachsen, der Bart bis zu den Knien und die knöchernen Krallen noch länger. Noch wilder schrie er: »Ich bekomme keine Luft!« und verschwand in der Erde. Ein drittes Kreuz wankte, ein dritter Leichnam erhob sich. Es schien, als würden sich nur Knochen hoch über der Erde erheben. Der Bart reichte bis an die Fersen; die Finger bohrten sich mit langen Krallen in die Erde. Schrecklich streckte er die Arme nach oben, als wollte er nach dem Mond greifen, und schrie so, als zersägte ihm irgendjemand seine gelben Knochen ...

Das Kind, das in Katerinas Armen geschlafen hatte, schrie auf und erwachte. Die Pani selbst schrie auf. Den Ruderern fielen die Mützen in den Dnjepr. Sogar der Pan zuckte zusammen.

Und plötzlich verschwand alles, als sei es nicht gewesen; die Burschen griffen aber noch lange nicht zu den Rudern.

Besorgt blickte Burulbasch auf seine junge Frau, die erschrocken das schreiende Kind in ihren Armen wiegte, er drückte sie an sein Herz und küsste sie auf die Stirn.

»Fürchte nichts, Katerina! Schau, es ist ja nichts«, sagte er und zeigte nach allen Seiten. »Der Zauberer will nur die Menschen erschrecken, damit sich niemand an sein unreines Nest heranwagt. Damit kann er aber nur die Frauen schrecken! Gib mir den Sohn in den Arm!«

Mit diesen Worten hob Pan Danilo seinen Sohn in die Höhe und brachte ihn ganz nah an seine Lippen. »Nun, Iwan, du fürchtest dich nicht vor Zauberern? Sag: ›Nein, Vater, ich bin ja ein Kosake!‹ Nun hör auf zu weinen. Wir sind bald zu Hause! Und wenn wir zu Hause sind, wird dich die Mutter mit Brei füttern, in die Wiege legen und singen:

Eia popeia, schlaf!
Schlaf, Söhnchen, schlaf,
Wachse groß, wachse, spiele!
Zum Ruhme der Kosakenschaft,
Zum Schaden der Feindherrschaft!

Höre, Katerina, mir scheint, dein Vater will nicht mit uns in Eintracht leben. Er kam mürrisch, verdrossen, als sei er uns böse … Nun, wenn er unzufrieden ist, warum kommt er dann? Er wollte nicht einmal auf unsere Kosakenfreiheit trinken! Unser Kind wollte er nicht in den Armen wiegen! Zuerst wollte ich ihm alles anvertrauen, was ich auf dem Herzen habe, aber ich konnte nicht sprechen und brachte kein Wort über die Lippen. Nein, er hat kein Kosakenherz! Wenn sich zwei mit Kosakenherzen irgendwo treffen, dann schlagen ihre Herzen bis zum Hals, und sie gehen aufeinander zu! Nun, meine lieben Burschen, sind wir bald am Ufer? Ich werde euch neue Mützen geben. Dir, Stezko, gebe ich eine samtene mit Gold. Ich habe sie einem Tataren zusammen mit dem Kopf abgenommen. Ich bekam seine ganze Rüstung; allein seine Seele habe ich in die Freiheit entlassen. Nun, legt an! Schau, Iwan, jetzt sind wir da, und du weinst immer noch! Nimm ihn, Katerina!«

Alle gingen an Land. Hinterm Berg zeigte sich ein Strohdach: Das war Pan Danilos Vaterhaus. Dahinter noch ein Berg, dort kam schon das freie Feld, dort konnte man hundert Werst gehen, ohne auf einen einzigen Kosaken zu stoßen.

Der Weiler von Pan Danilo liegt zwischen zwei Bergen in einem engen Tal, das zum Dnjepr hinunterführt. Seine Gebäude sind nicht hoch: Seine Hütte sieht so aus wie die einfacher Kosaken und hat nur eine Stube; doch ist in ihr Platz genug für ihn, seine Frau, die alte Magd und für die zehn ausgewählten Burschen. An den Wänden entlang ziehen sich oben eichene Bretter. Auf diesen stehen dicht gedrängt Schüsseln und Töpfe für Speisen, dazwischen silberne Becher und in Gold gefasste Pokale, geschenkte wie auch im Krieg erbeutete. Darunter hängen wertvolle Musketen, Säbel, Gewehre und Lanzen. Tataren, Türken und Polen hatten sie freiwillig und unfreiwillig hergegeben; deshalb haben sie auch so manche Scharte. Betrachtet er sie, sind sie Pan Danilo Erinnerungszeichen an seine Kämpfe. Unten an der Wand stehen glattgehobelte Eichenbänke. Neben ihnen, vor der Ofenbank, hängt an Stricken, die durch einen Ring an der Decke gezogen sind, die Wiege. In der ganzen Stube ist der Boden glattgestampft und mit Lehm bestrichen. Auf den Bänken schläft Pan Danilo mit seiner Frau, auf der Ofenbank die alte Magd. In der Wiege spielt und schläft das kleine Kind. Auf dem nackten Boden nächtigen die Burschen. Aber der Kosake schläft lieber unter freiem Himmel auf bloßer Erde; er braucht weder Kissen noch Federbett; er schichtet sich unter dem Kopf frisches Heu auf und streckt sich frei im Gras aus. Er freut sich, mitten in der Nacht aufzuwachen, auf den hohen sternenübersäten Himmel zu blicken und vor nächtlicher Kälte, die die Kosakenknochen erfrischt, zu erzittern. Er streckt sich und murmelt etwas im Schlaf, steckt sich eine Pfeife an und wickelt sich fester in seinen warmen Pelz.

Burulbasch wachte nach dem gestrigen Fest nicht früh auf, setzte sich nach dem Aufwachen auf eine Bank in der Ecke und begann einen neuen türkischen Säbel zu schleifen, den er vor Kurzem eingetauscht hatte; Pani Katerina bestickte ein seidenes Tuch mit Gold. Plötzlich trat Katerinas Vater ein, verärgert und mürrisch, mit einer ausländischen Pfeife zwischen den Zähnen ging er auf seine Tochter zu und fragte sie streng aus, warum sie so spät nach Hause gekommen sei.

»Dazu sollst du nicht sie, sondern mich befragen, Schwiegervater! Nicht die Frau, der Mann hat Antwort zu geben. So ist es nun mal bei uns üblich, ärgere dich nicht!«, sagte Danilo, ohne seine Arbeit zu unterbrechen. »Vielleicht ist das in anderen, in heidnischen Ländern nicht so, das weiß ich nicht.«

Das mürrische Gesicht des Schwiegervaters lief rot an, und seine Augen funkelten wild.

»Wer hat auf die Tochter zu achten, wenn nicht der Vater!«, murmelte er vor sich hin. – »Nun, ich frage dich, wo hast du dich bis in die späte Nacht herumgetrieben?«

»Das ist etwas anderes, lieber Schwiegervater! Darauf sage ich dir, dass ich schon lange nicht mehr in dem Alter bin, wo man von Frauen in Windeln gewickelt wird. Ich weiß, wie man auf einem Pferd sitzt. Ich verstehe auch einen scharfen Säbel in den Händen zu führen. Ich verstehe auch noch anderes ... Ich verstehe es auch, niemandem eine Antwort darauf zu geben, was ich tue.«

»Ich sehe, Danilo, ich weiß, du suchst Streit! Wer etwas zu verbergen hat, der hat sicher eine ungute Sache im Kopf.«

»Denk, was du willst«, sagte Danilo, »ich denke, was ich will. Gott sei Dank war ich noch an keiner einzigen unehrlichen Tat beteiligt, ich stand immer für unseren rechten Glauben und das Vaterland ein, nicht so wie manche Landstreicher, die sich weiß Gott wo herumtreiben, während die Rechtgläubigen auf Leben und Tod kämpfen, und die später daherkommen, um das Getreide zu ernten, das sie nicht gesät haben. Sie sind nicht einmal den Unierten ähnlich: Denn sie schauen nie in Gottes Kirche hinein. Die sollte man ordentlich ins Gebet nehmen und fragen, wo sie sich herumtreiben.«

»He, Kosake! Weißt du… ich schieße schlecht: Nur auf hundert Schritt durchbohrt meine Kugel das Herz. Ich schlage mich auch nicht besonders gut: Von dem Menschen bleiben Stückchen, die kleiner sind als die Körner, aus denen man Grütze kocht.«

»Ich bin bereit«, sagte Pan Danilo und schwang seinen Säbel kühn durch die Luft, als hätte er gewusst, wozu er ihn geschliffen hatte.

»Danilo!«, schrie Katerina laut auf, packte ihn am Arm und hängte sich daran. »Komm zu dir, Wahnsinniger, siehst du nicht, gegen wen du die Hand erhebst! – Vater, dein Haar ist schneeweiß, doch du verlierst den Verstand wie ein unvernünftiger Bursche!«

»Weib!«, schrie Pan Danilo drohend, »du weißt, ich mag das nicht. Kümmere dich um deine Weibersachen.«

Schrecklich klirrten die Säbel, Eisen schlug gegen Eisen, die Funken sprühten über den Kosaken wie Staub. Weinend ging Katerina in eine eigene Kammer, warf sich aufs Bett und hielt sich die Ohren zu, um das Klirren der Säbel nicht zu hören. Aber so schlecht schlugen sich die Kosaken nicht, dass man nichts vom Klirren gehört hätte. Katerinas Herz wollte zerspringen. Am ganzen Leib hörte sie die Hiebe: tuck, tuck. »Nein, das halte ich nicht aus, das halte ich nicht aus ... Vielleicht schießt schon das rote Blut aus dem weißen Körper, vielleicht ist mein Liebster schon ohne Kraft, und ich liege noch hier!« Und ganz blass ging sie fast atemlos in die Stube.

Gleichmäßig und schrecklich schlugen die Kosaken aufeinander ein. Keiner von beiden konnte den anderen bezwingen. Einmal greift Katerinas Vater an – Pan Danilo weicht zurück. Da greift Pan Danilo an – und der finstere Vater weicht zurück, wieder Gleichstand. Es brodelt. Sie holen zum Schlag aus ... uch! Die Säbel klirren ... und klirrend flogen die Klingen zur Seite.

»Mein Gott, ich danke dir!«, sagte Katerina und schrie gleich wieder auf: Sie sah, dass die Kosaken zu den Musketen griffen. Sie richteten die Feuersteine und spannten die Hähne.

Pan Danilo schoss und traf nicht. Jetzt zielte der Vater ... Er ist alt, er sieht nicht so gut wie ein Junger, seine Hand zittert jedoch nicht. Der Schuss krachte ... Pan Danilo schwankte. Rotes Blut färbte den linken Ärmel des Kosakenrocks.

»Nein!«, schrie er, »so billig bekommst du mich nicht. Nicht die linke Hand, die rechte ist der Herr. Bei mir hängt eine türkische Pistole an der Wand, noch nie im Leben ist sie mir untreu gewesen. Komm von der Wand herunter, alter Kamerad! Erweise dem Freund einen Dienst!« Danilo streckte die Hand aus.

»Danilo!«, schrie Katerina vor Verzweiflung, sie packte ihn bei den Händen und warf sich ihm zu Füßen. »Nicht für mich flehe ich dich an. Für mich gibt es nur ein Ende: Jene Frau ist unwürdig, die ihren Mann überlebt; der Dnjepr, der kühle Dnjepr wird mein Grab sein ... Aber schau auf den Sohn, Danilo, schau auf den Sohn! Wer wird das arme Kind wärmen? Wer wird es liebkosen? Wer wird ihn lehren, auf einem Rappen dahinzujagen, für Freiheit und Glauben zu kämpfen, wie Kosaken zu trinken und herumzuziehen? Geh zugrunde, mein Sohn, geh zugrunde! Dein Vater will nichts von dir wissen! Schau, wie er sein Gesicht abwendet. Oh, jetzt habe ich dich erkannt, du bist ein Tier, kein Mensch! Du hast das Herz eines Wolfs und die Seele einer listigen Natter. Ich dachte, du hättest wenigstens einen Tropfen Mitleid, in deinem steinernen Körper loderte ein menschliches Gefühl. Verrückt, wie habe ich mich getäuscht. Das wird dir Freude machen. Deine Gebeine werden im Grab vor Freude tanzen, wenn sie hören, dass die polnischen Bestien deinen Sohn in die Flammen werfen, wenn dein Sohn unter den Messern und im kochenden Wasser schreit. Oh, ich habe dich erkannt! Du würdest freudig aus dem Grab aufstehen und das Feuer, das darunter lodert, mit der Mütze noch anfachen!«

»Halt, Katerina! Komm her, mein lieber Iwan, lass dich küssen! Nein, mein Kind, niemand wird dir ein Haar krümmen. Du wächst zum Ruhm des Vaterlandes heran; wie ein Sturmwind wirst du den Kosaken vorausjagen, mit einer Samtmütze auf dem Kopf und einem scharfen Säbel in der Hand. Vater, gib mir die Hand! Wir wollen vergessen, was zwischen uns war. Wenn ich dir Unrecht getan habe, so bekenne ich mich schuldig. Warum gibst du mir nicht deine Hand?«, sagte Danilo zu Katerinas Vater, der reglos auf seinem Platz stand und dessen Gesicht weder Zorn noch Versöhnung ausdrückte.

»Vater!«, schrie Katerina, sie umarmte und küsste ihn. »Sei nicht unerbittlich, verzeihe Danilo: Er wird dich nicht mehr beleidigen!«

»Nur dir zuliebe, meine Tochter, verzeihe ich ihm«, antwortete er, küsste sie, und seine Augen funkelten seltsam. Katerina fuhr leicht zusammen: Der Kuss erschien ihr ebenso wunderlich wie das seltsame Funkeln der Augen. Sie stützte sich auf den Tisch, an dem Pan Danilo seinen verwundeten Arm verband und überlegte, dass er schlecht, nicht wie ein Kosake gehandelt hatte, als er um Vergebung bat, ohne an etwas schuld zu sein.

Ein neuer Tag brach an, doch ohne Sonne: Der Himmel war trüb, und feiner Regen ging auf die Felder, die Wälder und den breiten Dnjepr nieder. Pani Katerina erwachte, doch nicht froh: Die Augen waren verweint, sie war ganz traurig und unruhig.

»Mein lieber Mann, mein teurer Mann, einen wunderlichen Traum habe ich geträumt!«

»Welchen Traum, meine liebe Pani Katerina?«

»Mir träumte so wunderlich und dabei so lebendig, als wäre ich wach. Mir träumte, mein eigener Vater sei jenes Ungeheuer, das wir beim Hauptmann gesehen haben. Aber ich bitte dich, glaube meinem Traum nicht. Man träumt doch allerhand Unsinn! Ich bin im Traum vor ihm gestanden, habe am ganzen Leib gezittert, mich gefürchtet, und jedes seiner Worte ließ mir das Blut in den Adern erstarren. Wenn du nur gehört hättest, was er gesagt hat ...«

»Was hat er gesagt, meine goldene Katerina?«

»Er sagte: ›Sieh mich an, Katerina, ich bin doch schön! Zu Unrecht sagen die Leute, ich sei hässlich. Ich werde dir ein trefflicher Mann sein. Sieh nur, wie meine Augen blicken!‹ Da richtete er seine feurigen Augen auf mich, ich schrie auf und erwachte.«

»Ja, Träume können viel Wahres sagen. Weißt du aber, dass es hinter dem Berg nicht mehr so ruhig ist? Womöglich werden sich die Polen erneut zeigen. Gorobez ließ mir mitteilen, ich solle nicht schlafen. Er sorgt sich aber umsonst, ich schlafe ohnehin nicht. Meine Burschen haben in dieser Nacht Bäume für zwölf Verschläge gefällt. Wir werden die Königlichen mit bleiernen Pflaumen bewirten, und die Schlachtschitzen sollen unter Stöcken tanzen.«

»Weiß der Vater davon?«

»Dein Vater hängt mir zum Hals heraus! Bis jetzt werde ich nicht klug aus ihm. Er hat im fremden Land wohl viele Sünden begangen. Was mag das nur für einen Grund haben? Er lebt seit etwa einem Monat hier und hat sich nicht einmal wie ein guter Kosake vergnügt. Nicht einmal Met wollte er trinken! Hörst du das Katerina, nicht einmal den Met wollte er trinken, den ich den Brester Juden abgenommen habe. He, Bursche«, rief Pan Danilo, »Junge, lauf in den Keller und bring mir vom jüdischen Met! Nicht einmal Schnaps trinkt er! Das ist unglaublich! Mir scheint, Pani Katerina, dass er nicht einmal an unsern Herrn Jesus Christus glaubt. Und? Was meinst du?«

»Gott weiß, was du sagst, Pan Danilo!«

»Es ist wunderlich, Pani«, fuhr Danilo fort und nahm dem Kosaken den Tonkrug ab. »Selbst die heidnischen Katholiken trinken Schnaps, nur die Türken nicht. Na, Stezko, hast du im Keller einen ordentlichen Schluck Met genommen?«

»Ich habe nur probiert, Pan.«

»Du lügst, du Hundesohn. Schau, wie die Fliegen über deinen Bart hergefallen sind! Deinen Augen sehe ich an, dass du einen halben Eimer gesoffen hast. Ach, die Kosaken. Was für ein verwegenes Volk! Der Kosake tut alles für seinen Freund, aber den Schnaps trinkt er selbst. Ich war schon lange nicht mehr betrunken, Pani Katerina. Nicht wahr?«

»Schon lange nicht mehr, aber das letzte Mal …«

»Keine Angst, keine Angst, mehr als diesen Krug trinke ich nicht! Da kommt ja schon der türkische Abt durch die Tür!«, sagte er durch die Zähne, als er den Schwiegervater erblickte, der sich bückte, um durch die Tür zu kommen.

»Was soll das heißen, meine Tochter!«, sagte der Vater, nahm die Mütze vom Kopf und rückte den Gürtel zurecht, an dem ein Säbel mit wunderlichen Steinen hing. »Die Sonne steht schon hoch, und du hast das Mittagessen noch nicht fertig.«

»Das Mittagessen ist fertig, Pan Vater, gleich tragen wir es auf. Hol die Schüssel mit den Klößen heraus!«, sagte Pani Katerina zur alten Magd, die das Holzgeschirr abwischte. »Warte, ich hole sie lieber selbst heraus«, fuhr Katerina fort, »rufe du die Burschen!«

Alle setzten sich im Kreis auf den Boden: Der Vater gegenüber den Ikonen, links von ihm Pan Danilo, rechts von ihm Pani Katerina und die zehn treuesten Burschen in blauen und gelben Kaftanen.

»Ich mag diese Klöße nicht«, sagte Pan Vater, nachdem er ein wenig gegessen und dann den Löffel weggelegt hatte. »Sie schmecken nach nichts!«

»Ich weiß, dass dir Judennudeln besser schmecken«, dachte Danilo bei sich. »Warum sagst du, Schwiegervater«, fuhr er laut fort, »dass die Klöße nicht schmecken? Sind sie etwa schlecht gemacht? Meine Katerina macht Klöße so, wie sie selbst ein Kosakenhauptmann selten zu essen bekommt. Es gibt keinen Grund, sie zu verachten. Das ist eine christliche Speise! Alle Heiligen und frommen Männer haben Klöße gegessen.«

Der Vater sagte kein Wort, und auch Pan Danilo verstummte.

Man trug einen gebratenen Eber mit Kraut und Pflaumen auf.

»Ich mag kein Schweinefleisch«, sagte Katerinas Vater und holte mit dem Löffel das Kraut heraus.

»Wie kann man kein Schweinefleisch mögen?«, sagte Danilo. »Nur Türken und Juden essen kein Schweinefleisch.«

Der Vater zog die Brauen noch mehr zusammen.

Der alte Vater aß nur Mehlbrei mit Milch und trank statt Wodka irgendein schwarzes Wasser aus einem Fläschchen, das er unter dem Hemd hervorholte.

Nach dem Essen fiel Danilo in einen gesunden Schlaf und wachte erst gegen Abend wieder auf. Er setzte sich hin und begann Briefe an das Kosakenheer zu schreiben; Pani Katerina saß auf der Ofenbank und schaukelte mit einem Fuß die Wiege. Pan Danilo sitzt da, blickt mit dem linken Auge auf das Geschriebene und mit dem rechten zum Fenster. Durch das Fenster schimmern in der Ferne die Berge und der Dnjepr. Hinter dem Dnjepr leuchten blau die Wälder. Darüber flimmert der klare Nachthimmel. Aber Pan Danilo erfreut sich nicht am fernen Himmel und nicht am blauen Wald; er blickt auf die vorspringende Landzunge, auf der schwarz das alte Schloss steht. Er meinte zu sehen, wie in einem schmalen Fensterchen ein Licht aufleuchtete. Doch ist alles still. Es ist ihm wohl nur so vorgekommen. Man hört nur unten dumpf den Dnjepr rauschen und das Aufschlagen der plötzlich erwachten Wellen von drei Seiten nacheinander widerhallen. Er empört sich nicht. Er brummt nur und murrt wie ein Greis, nichts gefällt ihm mehr, alles um ihn hat sich verändert; still feindet er die Berge, Wälder und Wiesen an seinen Ufern an und trägt seine Klagen über sie ins Schwarze Meer.

Da zeigt sich auf dem breiten Dnjepr ein schwarzes Boot, und im Schloss schien wieder irgendetwas aufzuleuchten. Danilo pfeift leise, und auf den Pfiff hin kommt der treue Bursche gelaufen.

»Stezko, nimm rasch einen scharfen Säbel und ein Gewehr und folge mir!«

»Du gehst weg?«, fragte Pani Katerina.

»Ich gehe, Frau, ich muss überall nachsehen, ob alles in Ordnung ist.«

»Ich fürchte mich aber, allein zu bleiben. Mich überkommt schon der Schlaf. Was ist, wenn ich wieder dasselbe träume? Ich bin nicht einmal überzeugt, dass es nur ein Traum war, ich habe alles so lebendig gesehen.«

»Die Alte bleibt bei dir, und im Flur und auf dem Hof schlafen die Kosaken.«

»Die Alte schläft schon, und den Kosaken traue ich nicht recht. Höre, Pan Danilo, schließ mich in der Stube ein und nimm den Schlüssel mit. Dann werde ich mich nicht so fürchten; und die Kosaken sollen sich vor die Tür legen.«

»So wollen wir es machen!«, sagte Danilo, wischte den Staub vom Gewehr und schüttete Pulver auf die Pfanne.

Der treue Stezko stand schon in voller Kosakenrüstung da. Danilo setzte die Lammfellmütze auf, schloss das Fenster, verriegelte die Tür, schloss sie ab und ging zwischen seinen schlafenden Kosaken leise vom Hof in die Berge.

Der Himmel hatte sich fast ganz aufgeklärt. Ein frischer Wind wehte fast unmerklich vom Dnjepr her. Wäre in der Ferne nicht das

Stöhnen der Möwe zu hören gewesen, hätte man meinen können, alles sei verstummt. Doch da hörte man ein Rascheln ... Burulbasch versteckte sich mit seinem treuen Diener leise hinter einem Dornenstrauch, der einen Verhau verdeckte. Jemand kam in einem roten Kosakenrock, mit zwei Pistolen und einem Säbel an der Seite, den Berg herunter.

»Das ist der Schwiegervater«, sagte Pan Danilo, der ihn hinter dem Busch beobachtete. »Wohin geht er nur zu dieser Zeit und warum? Stezko, schlaf nicht, pass genau auf, welchen Weg Pan Vater nimmt.« Der Mann im roten Kosakenrock kam zum Ufer herab und wendete sich der vorspringenden Landzunge zu. »Ach! Dahin geht er!«, sagte Pan Danilo. »Stezko, was meinst du, er geht doch geradewegs in die Höhle des Zauberers?«

»Ja, bestimmt an keinen anderen Ort, Pan Danilo! Sonst würden wir ihn auf der anderen Seite sehen. Doch er ist beim Schloss verschwunden.«

»Warte, wir kriechen hier heraus, und dann folgen wir seinen Spuren. Hier steckt irgendetwas dahinter. Nein, Katerina, ich habe es dir gesagt, dein Vater ist kein guter Mensch, er hat in nichts so gehandelt wie ein Rechtgläubiger.«

Schon erschienen Pan Danilo und sein treuer Bursche auf dem vorspringenden Ufer. Schon waren sie nicht mehr zu sehen, der undurchdringliche Wald, der das Schloss umgab, hielt sie verborgen. Das obere kleine Fenster leuchtete schwach. Unten stehen die Kosaken und überlegen, wie sie hineingelangen könnten. Weder Tor noch Tür waren zu sehen. Sicher gab es vom Hof aus einen Eingang, doch wie dorthin gelangen? Aus der Ferne war zu hören, wie Ketten rasselten und Hunde umherliefen.

»Was überlege ich da lange?«, sagte Pan Danilo, als er vor dem Fenster eine hohe Eiche erblickte. »Bleib hier, Junge! Ich klettere auf die Eiche, von dort werde ich ins Fenster schauen können.« Da nahm er den Gürtel ab, warf den Säbel auf den Boden, damit er nicht zu hören war, hielt sich an den Ästen fest und stieg hinauf. Das Fenster war immer noch erleuchtet. Er setzte sich auf einen Ast direkt neben das Fenster, hielt sich mit einer Hand am Baum fest und sieht: Im Zimmer stand keine Kerze, dennoch war es hell. An den Wänden waren wunderliche Zeichen. Da hingen Waffen, aber ganz seltsame: Solche tragen weder Türken noch Krimtataren, weder Polen noch Christen noch das tapfere Volk der Schweden. Unter der Decke flattern Fledermäuse hin und her, ihre

Schatten huschen über die Wände, über die Türen und über den Fußboden. Da öffnete sich ohne Knarren die Tür. Es tritt jemand im roten Kosakenrock ein und geht direkt zum Tisch, auf dem ein weißes Tischtuch liegt. »Das ist er, das ist der Schwiegervater.« Pan Danilo stieg etwas hinunter und drückte sich fester an den Baum.

Aber der Schwiegervater hatte keine Zeit nachzusehen, ob jemand zum Fenster hereinblickte oder nicht. Finster und mit schlechter Laune trat er ein, riss das Tuch vom Tisch: Plötzlich verbreitete sich im ganzen Zimmer leise ein durchsichtiges blaues Licht. Die Wellen des vorausgehenden blassgoldenen Lichts vermischten sich nicht mit diesem, sie schillerten, tauchten unter wie in einem blauen Meer und zogen sich in Schichten hin wie Marmor. Da stellte er einen Topf auf den Tisch und begann irgendwelche Kräuter hineinzuwerfen.

Pan Danilo blickte genauer hin und sah plötzlich seinen roten Rock nicht mehr, an dessen Stelle zeigten sich weite Hosen, wie sie die Türken tragen, im Gürtel steckten Pistolen, auf seinem Kopf saß irgendeine wunderliche Mütze, die ganz beschrieben war, doch weder mit russischen noch mit polnischen Schriftzeichen. Er blickte ihm ins Gesicht, doch das Gesicht begann sich zu verändern: Die Nase wurde länger und hing ihm über die Lippen, der Mund zog sich augenblicklich bis zu den Ohren, ein Zahn schaute aus dem Mund heraus und bog sich zur Seite – vor ihm stand derselbe Zauberer, der zur Hochzeit beim Kosakenhauptmann erschienen war. »Wahr ist dein Traum, Katerina!«, dachte Burulbasch.

Der Zauberer begann um den Tisch herumzugehen, die Zeichen an den Wänden veränderten sich schneller, und die Fledermäuse flogen unruhiger hin und her, auf und ab. Das bläuliche Licht wurde immer schwächer, schwächer und erlosch gleichsam ganz. Und die Stube wurde schon von einem rosigen schwachen Schimmer erleuchtet. Das wunderliche Licht schien sich mit leisem Klingen in alle Ecken zu ergießen, plötzlich ist es verschwunden, und es wurde finster. Man hörte nur Rauschen, als spiele und kreise der Wind zur stillen Abendstunde über den Wasserspiegel und beuge die silbernen Weiden tiefer ins Wasser. Und Danilo glaubte in der Stube den Mond leuchten, die Sterne wandern und den dunkelblauen Nachthimmel glänzen zu sehen, sogar die kühle Nachtluft schien ihm ins Gesicht zu wehen. Und dann war es Pan Danilo (da betastete er den Schnurrbart, um zu sehen, ob er nicht schläft), als sei in der Stube kein Himmel mehr, sondern seine eigene Schlafkammer: Da hängen seine tatarischen und türkischen Säbel an der Wand; entlang den Wänden ziehen sich Borde mit Geschirr und Hausgerät; auf dem Tisch Brot und Salz; da hängt die Wiege ... doch statt der Ikonen schauen ihn schreckliche Gesichter an, und auf der Ofenbank ... doch der Nebel wurde dichter, verbarg alles, und es wurde wieder dunkel. Und wieder erhellte ein rosa Licht mit einem wunderlichen Ton die ganze Stube, und wieder steht der Zauberer regungslos in seinem wunderlichen Turban da. Die Töne stärker und dichter, das feine rosa Licht wurde greller, und etwas Weißes, das einer Wolke ähnelt, schwebte in der Stube, und es kam Pan Danilo so vor, als sei die Wolke gar keine Wolke, als stünde da seine Frau; woraus aber bestand sie nur? War sie aus Luft gewebt? Warum steht sie da und berührt nicht den Boden, stützt sich auf nichts, und das rosa Licht leuchtet, und die Zeichen an der Wand leuchten durch sie hindurch? Da bewegt sie irgendwie ihren durchsichtigen Kopf, still leuchten ihre blassblauen Augen, die Haare fließen wie hellgrauer Nebel über ihre Schultern; die Lippen schimmern blassrot, als würde sich durch den durchsichtig blassen Morgenhimmel das kaum merkliche rote Licht der Morgenröte ausbreiten; die dunklen Brauen leuchten schwach ... Ach! Das ist ja Katerina! Und Danilo fühlte, wie seine Glieder erstarrten, er bemühte sich etwas zu sagen, doch die Lippen bewegten sich lautlos.

Reglos stand der Zauberer auf seinem Platz.

»Wo bist du gewesen?«, fragte er; die vor ihm stand, erzitterte.

»Oh, warum hast du mich nur gerufen?«, stöhnte sie leise. »Mir war so froh zumute. Ich war an dem Ort, an dem ich zur Welt gekommen bin und fünfzehn Jahre gelebt habe. Oh, wie schön ist es da! Wie grün die Wiese ist, auf der ich als Kind gespielt habe – und wie sie duftet! Und die Feldblumen sind noch dieselben, unser Haus und der Garten! Oh, wie hat mich meine gute Mutter umarmt! Welche Liebe in ihren Augen war! Sie streichelte mich, küsste mich auf Mund und Wangen, kämmte mit einem feinen Kamm meinen blonden Zopf ... Der Vater!« Da heftete sie ihre blassen Augen auf den Zauberer. »Warum hast du meine Mutter erstochen?«

Streng drohte ihr der Zauberer mit dem Finger.

»Habe ich dich denn gebeten, davon zu sprechen?« Die luftige Schöne erbebte. »Wo ist jetzt deine Pani?«

»Meine Pani, Katerina, ist jetzt eingeschlafen, ich freute mich darüber, schlüpfte hervor und flog davon. Ich wollte meine Mutter schon seit Langem sehen. Ich war plötzlich wieder fünfzehn Jahre alt und so leicht wie ein Vogel. Warum hast du mich gerufen?«

»Erinnerst du dich noch an all das, was ich dir gestern gesagt habe?«, fragte der Zauberer so leise, dass es kaum zu hören war.

»Ich erinnere mich, ich erinnere mich, doch was würde ich nicht dafür geben, das zu vergessen! Die arme Katerina! Sie weiß vieles nicht von dem, was ihre Seele weiß.«

»Das ist Katerinas Seele!«, sagte sich Pan Danilo, aber er wagte immer noch nicht, sich zu rühren.

»Bereue, Vater! Ist es nicht schrecklich, dass sich nach jedem deiner Morde die Toten aus den Gräbern erheben?«

»Du fängst schon wieder damit an!«, unterbrach sie der Zauberer drohend. »Ich werde meinen Kopf durchsetzen, ich werde dich zwingen, das zu tun, was ich will. Katerina wird mich lieben! ...«

»Du bist ein Ungeheuer und nicht mein Vater!«, stöhnte sie. »Nein, du wirst deinen Willen nicht durchsetzen! Du hast dir freilich durch unreine Zauberei die Macht angeeignet, meine Seele zu rufen und zu quälen; aber allein Gott kann sie zwingen, das zu tun, was er will. Nein, so lange ich in ihrem Leib bin, wird sich Katerina nie zu einer gottlosen Handlung entschließen. Vater, nahe ist das Jüngste Gericht! Wenn du auch nicht mein Vater wärest, könntest du mich nicht dazu zwingen, meinen lieben, treuen Mann zu hintergehen. Auch wenn mein Mann mich nicht liebte und mir untreu wäre, auch dann würde ich ihn nicht betrügen, weil Gott die meineidigen und untreuen Seelen nicht liebt.«

Da heftete sie ihre blassen Augen auf das kleine Fenster, unter dem Pan Danilo saß, und blieb reglos stehen ...

»Wo schaust du hin? Wen siehst du dort?«, schrie der Zauberer.

Die luftige Katerina erbebte. Aber Pan Danilo war schon längst auf dem Boden und schlich mit seinem treuen Stezko in die Berge. »Schrecklich, schrecklich«, sprach er für sich und spürte eine gewisse Unsicherheit in seinem Kosakenherzen. Bald darauf ging er über seinen Hof, auf dem die Kosaken ganz tief schliefen, außer einem, der Wache hielt und eine Pfeife rauchte. Der Himmel war ganz mit Sternen übersät.

»Wie gut du daran getan hast, mich zu wecken!«, sagte Katerina und rieb sich die Augen mit dem bestickten Ärmel ihres Hemds, dabei betrachtete sie ihren vor ihr stehenden Mann von Kopf bis Fuß. »Welch schrecklichen Traum ich hatte! Wie schwer meine Brust atmete! Oh! ... Mir schien, ich würde sterben ...«

»Welcher Traum denn, war es vielleicht dieser?« Und Burulbasch begann seiner Frau alles zu erzählen, was er gesehen hatte.

»Wie hast du das erfahren, mein Mann?«, fragte Katerina verblüfft. »Aber nein, vieles von dem, was du erzählst, ist mir nicht bekannt. Nein, ich habe nicht geträumt, dass der Vater meine Mutter getötet hat; ich habe auch keine Toten, ich habe nichts gesehen. Nein, Danilo, du erzählst es nicht richtig. Ach, wie schrecklich mein Vater ist!«

»Es ist kein Wunder, dass du vieles nicht gesehen hast. Du weißt nicht den zehnten Teil von dem, was die Seele weiß. Weißt du, dass dein Vater der Antichrist ist? Schon im vorigen Jahr, als ich mit den Polen gegen die Krimtataren zog (damals kämpfte ich noch auf der Seite dieses ungläubigen Volks), erzählte mir der Abt des Brüderklosters – er, Frau, ist ein heiliger Mann! –, dass der Antichrist über die Macht verfügt, die Seele eines jeden Menschen herauszufordern; die Seele tut nämlich, was sie will, wenn der Mensch eingeschlafen ist, und fliegt zusammen mit den Erzengeln um Gottes Tempelstube. Schon auf den ersten Blick gefiel mir das Gesicht deines Vaters nicht. Wenn ich gewusst hätte, dass du einen solchen Vater hast, hätte ich dich nicht geheiratet; ich hätte dich verlassen und nicht die Sünde auf meine Seele geladen, mit dem Stamm des Antichristen verwandt zu sein.«

»Danilo!«, sagte Katerina, bedeckte ihr Gesicht mit den Händen und schluchzte, »bin ich dir gegenüber durch etwas schuldig? Bin ich dir untreu geworden, mein lieber Mann? Womit habe ich deinen Zorn auf mich gezogen? Habe ich dir nicht treu gedient, habe ich zu dir je ein böses Wort gesagt, wenn du nach einem braven kleinen Gelage angeheitert nach Hause kamst? Habe ich dir nicht einen Sohn mit schwarzen Brauen geboren?«

»Weine nicht, Katerina, ich kenne dich jetzt und werde dich um nichts in der Welt verlassen. Alle Sünden liegen bei deinem Vater.«

»Nein, nenne ihn nicht meinen Vater! Er ist mir kein Vater. Gott ist mein Zeuge, ich sage mich von ihm los, ich sage mich von meinem

Vater los! Er ist der Antichrist und ein Gottesleugner! Mag er ertrinken, mag er zugrunde gehen – ich reiche ihm keine Hand, ihn zu retten. Mag er an einem giftigen Kraut verdorren, ich werde ihm kein Wasser zu trinken reichen. Du bist mein Vater!«

Im tiefen Keller Pan Danilos sitzt hinter drei Schlössern der Zauberer, in eiserne Ketten geschmiedet; fern über dem Dnjepr glüht seine Teufelsburg, und Wellen, rot wie Blut, branden und schlagen an die uralten Mauern. Nicht wegen seiner Zauberei und nicht wegen der gottlosen Taten sitzt der Zauberer im tiefen Keller: Darüber mag Gott richten; er sitzt dort wegen heimlichen Verrats, wegen Verschwörung mit den Feinden des rechtgläubigen russischen Landes, das ukrainische Volk den Katholiken zu verkaufen und die christlichen Kirchen niederzubrennen. Finster ist der Zauberer; in seinem Kopf ist ein Gedanke, schwarz wie die Nacht. Es bleibt ihm nur noch ein Tag zu leben, morgen schon ist es an der Zeit, sich von der Welt zu verabschieden. Morgen erwartet ihn seine Strafe. Keine ganz leichte Strafe erwartet ihn;

es wäre noch eine Gnade, wenn man ihn lebendig in einem Kessel siedet oder ihm seine sündige Haut abzieht. Finster ist der Zauberer, er lässt den Kopf hängen. Vielleicht bereut er auch schon vor der Todesstunde, doch seine Sünden sind nicht der Art, dass Gott sie ihm verzeihen könnte. Über ihm befindet sich ein schmales Fenster, mit Eisenstäben vergittert. Unter Kettengeklirr zieht er sich zum Fenster hoch, um zu sehen, ob nicht seine Tochter vorbeigeht. Sie ist sanft, nicht nachtragend, wie eine kleine Taube, vielleicht hat sie Erbarmen mit dem Vater … Aber niemand lässt sich blicken. Unten führt ein Weg vorbei, aber niemand geht ihn entlang. Noch tiefer unten braust der Dnjepr, er kümmert sich aber um niemanden, er braust, und traurig lauscht der Gefangene seinem eintönigen Tosen.

Da zeigt sich jemand auf dem Weg – es ist ein Kosake! Und schwer seufzt der Gefangene auf. Und wieder ist alles leer. Da kommt jemand in der Ferne den Berg herab … Ein grünes Überkleid flattert im Wind … Ein goldener schiffchenartiger Kopfputz glänzt in der Sonne … Das ist sie! Er drängt sich noch näher ans Fenster. Da kommt sie schon ganz nah …

»Katerina! Tochter! Hab Mitleid mit mir, gib mir ein Almosen! …«

Sie bleibt stumm. Sie will nicht hören, sie richtet keinen Blick auf das Gefängnis; schon ist sie vorbeigegangen, und schon ist sie verschwunden. So leer ist die ganze Welt. Trostlos braust der Dnjepr. Traurigkeit erfüllt das Herz; aber kennt auch der Zauberer diese Traurigkeit?

Der Tag neigt sich dem Abend zu. Schon sinkt die Sonne. Schon ist sie verschwunden. Schon ist es Abend, es ist kühl, irgendwo brüllt ein Ochse; von irgendwoher dringen Laute an mein Ohr; sicher gehen irgendwo Menschen vergnügt von ihrer Arbeit heim. Auf dem Dnjepr taucht ein Kahn auf... Wer kümmert sich um den Gefangenen? Am Himmel blitzt die silberne Sichel. Da kommt jemand von der anderen Seite den Weg entlang. Im Dunkeln ist es schwer, etwas zu erkennen. Es ist Katerina, die zurückkehrt.

»Tochter! Um Christi willen, selbst die wilden Wolfskinder zerreißen ihre Mutter nicht – Tochter, wirf wenigstens einen Blick auf deinen verbrecherischen Vater!« Sie hört nicht hin und geht weiter. »Tochter, um der unglücklichen Mutter willen! ...« Sie bleibt stehen. »Komm, um mein letztes Wort zu vernehmen!«

»Warum rufst du mich, du Gottloser? Nenne mich nicht Tochter! Zwischen uns besteht keinerlei Verwandtschaft! Was willst du von mir um meiner unglücklichen Mutter willen?«

»Katerina! Mein Ende ist nah, ich weiß, dein Mann will mich an den Schweif einer Stute binden und übers Feld schleifen lassen; vielleicht denkt er sich sogar noch eine viel schrecklichere Strafe aus ...«

»Ja, gibt es denn auf der Welt eine Strafe, die deinen Sünden gleichkäme? Nimm sie auf dich: Niemand wird für dich ein Wort einlegen.«

»Katerina, nicht die Strafe schreckt mich, sondern die Qualen in jener Welt ... Du bist unschuldig, Katerina: Deine Seele wird im Paradies Gott umschweben; aber die Seele deines gottlosen Vaters wird im ewigen Feuer brennen, und niemals wird dieses Feuer verlöschen, immer stärker und stärker wird es aufflammen: Niemand wird einen Tropfen Tau hineinfallen lassen, kein Wind wird Kühlung bringen ...«

»Es steht nicht in meiner Macht, diese Strafe abzumildern«, sagte Katerina und wandte sich ab.

»Katerina! Warte, nur noch ein Wort: Du kannst meine Seele retten. Du weißt noch nicht, wie gütig und barmherzig Gott ist. Hast du vom Apostel Paulus gehört, was für ein sündiger Mensch er war, aber später bereute er und wurde heilig.«

»Was kann ich aber tun, um deine Seele zu retten?«, sagte Katerina. »Wie kann ich, ein schwaches Weib, auch nur daran denken!«

»Wenn es mir gelänge, hier herauszukommen, würde ich alles bleiben lassen. Ich würde Buße tun, in einer Höhle leben, ein härenes Hemd anlegen, Tag und Nacht werde ich zu Gott beten. Nicht nur kein Fleisch, auch keinen Fisch werde ich in den Mund nehmen! Mein Lager zum Schlafen werde ich mir nicht mit einem Gewand bereiten! Und immer werde ich beten, immer beten! Und wenn Gottes Barmherzigkeit nicht den hundertsten Teil meiner Sünden von mir nimmt, grabe ich mich bis zum Hals in die Erde ein oder mauere mich in eine Wand ein; ich werde weder essen noch trinken und sterben, und all meinen Besitz werde ich den Mönchen geben, damit sie für mich vierzig Tage und vierzig Nächte die Totenmesse lesen.«

Katerina dachte nach.

»Selbst wenn ich dir aufschließe – deine Ketten kann ich dir nicht abnehmen.«

»Ich fürchte die Ketten nicht«, sagte er. »Du sagst, sie hätten mir Hände und Füße angekettet? Nein, ich habe ihnen den Blick getrübt und statt der Hände ein dürres Holzstück hingehalten. Schau her: Ich trage keine einzige Fessel mehr«, sagte er und trat in die Mitte des Raumes. »Auch die Wände würde ich nicht fürchten und durch sie hindurchgehen, aber dein Mann weiß nicht, welche Wände das sind. Ein heiliger Mönch hat sie gebaut, und keine einzige unreine Kraft kann einen Gefangenen von hier hinausführen, ohne mit demselben Schlüssel aufzuschließen, mit dem der Heilige seine Zelle zu verschließen pflegte. Eine ebensolche Zelle werde ich, der unerhörte Sünder, bauen, wenn ich in die Freiheit gelange.«

»Höre, ich werde dich freilassen, aber wenn du mich hintergehst und statt Buße zu tun wieder des Teufels Bruder wirst?«, sagte Katerina und blieb vor der Tür stehen.

»Nein, Katerina, ich habe nicht mehr lange zu leben, auch ohne die Strafe ist mein Ende nahe. Glaubst du denn, dass ich mich selbst der ewigen Qual ausliefere?«

Die Schlösser klirrten!

»Leb wohl! Der barmherzige Gott schütze dich, mein Kind!«, sagte der Zauberer und küsste sie.

»Rühre mich nicht an, unerhörter Sünder, geh schneller fort! ...«, sagte Katerina. Aber er war schon weg.

»Ich habe ihn freigelassen«, sagte sie erschrocken und betrachtete mit wilden Blicken die Wände. »Was werde ich jetzt meinem Mann sagen? Ich bin verloren. Mir bleibt nur noch eines – mich lebendig ins Grab zu legen.« Sie schluchzte und fiel fast auf den Holzklotz, auf dem der Gefangene gesessen hatte. »Doch ich habe eine Seele gerettet«, sagte sie leise. »Ich habe ein gottgefälliges Werk getan. Aber mein Mann ... Zum ersten Mal habe ich ihn betrogen. Oh, wie schrecklich, wie schwer wird es für mich sein, ihm die Unwahrheit zu sagen! Da kommt jemand! Er ist es! Mein Mann!«, schrie sie verzweifelt und fiel ohnmächtig zu Boden.

»Ich bin es, mein liebes Töchterchen! Ich bin es, mein Herzchen!«, hörte Katerina, als sie wieder zu sich kam, und erblickte die alte Magd. Die alte Frau hatte sich über sie gebeugt und flüsterte ihr scheinbar etwas zu; sie hatte ihre dürre Hand ausgestreckt und bespritzte sie mit kaltem Wasser.

»Wo bin ich?«, fragte Katerina, stand auf und blickte um sich. »Vor mir rauscht der

Dnjepr, hinter mir sind die Berge ... Wo hast du mich hingeführt, Alte?«

»Hingeführt habe ich dich nirgends, ich habe dich herausgeführt; ich habe dich auf meinen Armen aus dem stickigen Keller herausgetragen. Ich habe mit dem Schlüssel zugeschlossen, damit dich Pan Danilo nicht bestraft.«

»Wo ist denn der Schlüssel?«, fragte Katerina und blickte auf ihren Gürtel. »Ich sehe ihn nicht.«

»Dein Mann hat ihn weggenommen, um nach dem Zauberer zu sehen, Kind.«

»Nach ihm zu sehen? ... Alte, ich bin verloren!«, schrie Katerina auf.

»Gott bewahre uns davor, mein Kind! Schweige einfach, meine liebe Pani, niemand wird etwas erfahren!«

»Er ist geflohen, der verdammte Antichrist! Hast du das gehört, Katerina? Er ist geflohen«, rief Pan Danilo und trat an seine Frau heran. Seine Augen sprühten Funken, der Säbel pendelte klirrend an seiner Seite.

Seine Frau wurde totenblass.

»Hat ihn jemand herausgelassen, lieber Mann?«, sprach sie und zitterte.

»Du hast recht, es hat ihn jemand herausgelassen; der Teufel hat ihn herausgelassen.

Schau nur, statt seiner ist ein Holzstück angekettet. Gott hat zugelassen, dass sich der Teufel nicht vor Kosakenfäusten fürchtet! Wenn einer von meinen Kosaken auch nur im Traum daran gedacht hätte, und ich würde das erfahren ... ich wüsste nicht, welche Strafe ich für ihn finden sollte!«

»Und wenn ich es gewesen wäre ...?«, sagte Katerina unwillkürlich, erschrak und hielt inne.

»Wenn dir das in den Sinn gekommen wäre, dann wärst du nicht mehr meine Frau. Ich würde dich in einen Sack einnähen und direkt in der Mitte des Dnjepr ertränken! ...«

Katerina stockte der Atem, und es war ihr, als lösten sich die Haare von ihrem Kopf.

An der Grenzstraße haben sich in einer Schenke Polen versammelt und zechen schon seit zwei Tagen. Nicht wenig von diesem Gesindel hat sich da eingefunden. Sie haben sicher irgendeinen Überfall vor: Manche von ihnen tragen Musketen, Sporen klirren, Säbel rasseln. Die Pans sind fröhlich und prahlen, sprechen über nie vollbrachte Taten, machen sich über die

Orthodoxie lustig, bezeichnen das ukrainische Volk als ihren Knecht, sie drehen bedeutend an ihren Schnurrbärten, werfen bedeutend die Köpfe in den Nacken und rekeln sich auf den Bänken. Unter ihnen ist auch ihr Geistlicher. Auch der Geistliche ist vom gleichen Schlag wie sie. Selbst sein Äußeres gleicht nicht dem eines christlichen Priesters; er trinkt und vergnügt sich mit ihnen und führt mit seiner unzüchtigen Zunge schamlose Reden. Auch die Diener stehen ihnen in nichts nach; sie haben die Ärmel ihrer zerfetzten Röcke hochgestreift und trumpfen auf, als wären sie etwas Gescheites. Sie spielen Karten und hauen sie sich gegenseitig auf die Nasen; sie haben auch fremde Frauen bei sich; man schreit und rauft. Die Pans spielen verrückt und treiben allerhand Unsinn; sie packen einen Juden am Bart und malen ihm ein Kreuz auf die unreine Stirn; sie schießen mit blinden Ladungen auf die Weiber und tanzen mit ihrem unzüchtigen Priester Krakowiak. Ein solches Ärgernis gab es auf Russischer Erde nicht einmal unter den Tataren; Gott lässt sie wohl für ihre Sünden diese Schande ertragen! Mitten in diesem allgemeinen Sodom hört man sie vom Gut des Pan Danilo hinter dem Dnjepr, auch von seiner schönen Frau sprechen … Zu nichts Gutem hat sich diese Bande versammelt!

Pan Danilo sitzt in seiner Stube am Tisch, die Ellbogen aufgestützt, und denkt nach. Auf der Ofenbank sitzt Pani Katerina und singt ein Lied.

»Mir ist traurig zumute, Frau!«, sagte Pan Danilo. »Der Kopf tut mir weh, und das Herz tut mir weh. Irgendwie ist mir schwer zumute. Offensichtlich geht irgendwo, nicht fern, mein Tod herum.«

»Oh, mein herzliebster Mann! Schmiege dich mit deinem Kopf an mich!« »Warum hegst du so finstere Gedanken?«, dachte Katerina, wagte es aber nicht, die Worte auszusprechen. Es war ihr mit ihrem Schuldbewusstsein so bitter, sich von ihrem Mann liebkosen zu lassen.

»Höre, meine Frau!«, sagte Danilo. »Verlasse den Sohn nicht, wenn ich nicht mehr bin. Von Gott wird dir kein Glück zuteilwerden, wenn du ihn verlässt, nicht in dieser noch in jener Welt. Schwer wird es meinen Gebeinen werden, in der feuchten Erde zu verfaulen, und noch schwerer wird es meiner Seele werden.«

»Was redest du da, mein Mann! Hast nicht du uns, die schwachen Frauen, immer verspottet? Und jetzt redest du selbst wie eine schwache Frau. Du musst noch lange leben.«

»Nein, Katerina, die Seele spürt den nahen Tod. Es wird traurig auf der Welt. Schlimme Zeiten brechen an. Ach, wenn ich an jene Jahre denke, sie werden nie wiederkehren! Er war noch am Leben, die Ehre und der Ruhm unseres Heeres, der alte Konaschewitsch! Mir ist's, als zögen die Kosakenregimenter vor meinen Augen vorbei. Das war eine goldene Zeit, Katerina! Der alte Hetman saß auf dem Rappen; der Hetmansstab funkelte in seiner Hand; um ihn herum die Führer; an den Seiten wogte das rote Meer der Saporoger. Der Hetman begann zu sprechen – und alles stand wie angewurzelt. Der Alte weinte, als er uns an die früheren Taten und Gefechte erinnerte. Ach, wenn du wüsstest, Katerina, wie wir damals gegen die Türken kämpften! Auf meinem Kopf kannst du noch jetzt eine Narbe sehen. Vier Kugeln sind an vier Stellen durch meinen Körper geflogen. Und keine der Wunden ist ganz verheilt. Wie viel Gold wir damals erbeutet haben! Die Edelsteine schöpften die Kosaken mit Mützen. Welche Pferde, Katerina, wenn du wüsstest, welche Pferde wir ihnen damals weggetrieben haben! Ach, solche Kämpfe werde ich nicht mehr erleben! Ich bin ja wohl noch nicht alt, und mein Körper ist noch rüstig; doch fällt mir der Kosakensäbel aus der Hand, ich lebe ohne

Taten und weiß selbst nicht, wozu ich lebe. Es gibt keine Ordnung mehr in der Ukraine; die Obersten und die Hauptmänner beißen sich gegenseitig wie die Hunde. Es gibt kein Oberhaupt für alle. Unser Adel hat polnische Sitten angenommen und sich deren Hinterlist zu eigen gemacht ... indem sie die Union akzeptierten, haben sie ihre Seele verkauft. Das Judentum knechtet das arme Volk. O ihr Zeiten, ihr Zeiten! Vergangene Zeiten! Wohin seid ihr entschwunden, meine Jahre? ... Geh in den Keller, Junge, und hole mir einen Krug Honigwein! Ich will auf das frühere Leben und längst vergangene Jahre trinken!«

»Womit werden wir die Gäste empfangen, Pan? Von der Wiesenseite kommen die Polen«, sagte Stezko und trat in die Stube.

»Ich weiß, weshalb sie kommen«, sagte Danilo und erhob sich vom Platz. »Sattelt die Pferde, meine treuen Diener! Legt die Rüstung an! Zieht die Säbel blank! Vergesst nicht, genügend Bleibohnen mitzunehmen. Man muss den Gästen mit Ehren begegnen!«

Die Kosaken hatten noch nicht einmal die Pferde besteigen und die Musketen laden können, als der Berg schon mit Polen übersät war wie im Herbst der Boden mit Blättern, die von den Bäumen fallen.

»He, da sind genügend, die ihren Teil abbekommen können!«, sagte Danilo und schaute auf die dicken Herren, die sich den anderen voran gewichtig auf ihren Pferden mit goldenem Geschirr wiegten. »Wir haben also noch einmal Gelegenheit, auf großem Fuß zu feiern! Vergnüge dich, Kosakenseele, zum letzten Mal! Vergnügt euch, Burschen, unser Feiertag ist angebrochen!«

Das Fest auf den Bergen begann, ein wahres Gelage: Es schwirren die Säbel, es fliegen die Kugeln, es wiehern und stampfen die Pferde. Vom Geschrei werden die Köpfe verrückt, vom Rauch werden die Augen blind. Alles geriet durcheinander. Aber der Kosake spürt, wo der Freund und wo der Feind ist; wenn eine Kugel vorbeizischt, fällt ein kühner Reiter vom Pferd, wenn ein Säbel pfeift, rollt ein Kopf auf der Erde, der Mund noch unzusammenhängende Worte murmelnd.

Aber mitten in der Menge ist der obere rote Teil von Pan Danilos Kosakenmütze zu sehen; der goldene Gürtel auf seinem blauen Kaftan springt in die Augen; wie ein Wirbel weht die Mähne seines Rappen. Einem Vogel gleich flattert er bald hierhin, bald dorthin; er schreit und schwingt den Damaszener Säbel, schlägt nach rechts und nach links. Schlag zu, Kosake! Genieße es! Bereite deinem braven Herzen Freude; aber schau nicht auf die goldene Rüstung und die Kaftane! Tritt Gold und Edelsteine mit Füßen! Stich zu, Kosake! Vergnüge dich, Kosake! Aber blick zurück: Die gottlosen Polen zünden schon die Hütten an und treiben das verschreckte Vieh weg. Wie ein Wirbelwind wendet Pan Danilo sein Pferd, und schon blitzt die oben rote Mütze neben den Häusern auf, und die Menge um ihn lichtet sich.

Nicht eine, nicht zwei Stunden schlagen sich Polen und Kosaken. Nicht viele sind von diesen wie von jenen übrig. Aber Pan Danilo wird nicht müde: Er wirft sie mit seiner langen Lanze von den Pferden, er zertrampelt mit seinem braven Pferd das Fußvolk. Schon ist der Hof gesäubert, schon zerstreuen sich die Polen; schon zerren die Kosaken die goldgestickten Röcke und die reiche Rüstung von den Getöteten; schon will Pan Danilo zu ihrer Verfolgung aufbrechen, er sieht sich um, seine Leute zusammenzurufen ... da entbrennt er gänzlich vor Wut: Er erblickt Katerinas Vater. Der steht auf dem Berg und zielt auf ihn mit der Muskete. Danilo treibt sein Pferd direkt auf ihn zu ... Kosake, du reitest ins Verderben! ... Die Muskete kracht, und schon ist der Zauberer hinter dem Berg verschwunden. Nur der getreue Stezko sah den roten Rock und die wunderliche Mütze noch kurz aufleuchten. Der Kosake schwankte und fiel auf die Erde. Der treue Stezko stürzte zu seinem Herrn, sein Herr lag hingestreckt auf dem Boden, die klaren Augen geschlossen. Rotes Blut quoll ihm aus der Brust. Aber offensichtlich spürte er seinen treuen Diener. Langsam hoben sich die Lider, seine Augen leuchteten auf: »Leb wohl, Stezko! Sag Katerina, sie soll den Sohn nicht verlassen! Verlasst auch ihr ihn nicht, meine treuen Diener!« – und er verstummte. Die Kosakenseele entfloh dem adeligen Leib; die Lippen wurden blau. Der Kosake schlief und war nicht mehr zu wecken.

Der treue Diener brach in Tränen aus und winkte Katerina mit der Hand: »Komm her, Pani, komm her. Dein Pan hat sich betrunken. Er liegt betrunken auf der feuchten Erde. Er wird lange nicht mehr nüchtern werden!«

Katerina schlug die Hände zusammen und fiel wie eine Getreidegarbe auf den toten Körper. »Mein Mann, bist du es, der hier mit geschlossenen Augen liegt? Steh auf, mein liebster Falke, strecke deine Hand aus! Erhebe dich! Schau nur einmal noch auf deine Katerina, öffne die Lippen, sprich ein Wörtchen! Aber du schweigst, du schweigst, mein edler Mann! Du bist so blau wie das Schwarze Meer! Dein Herz schlägt nicht mehr! Weshalb bist du so kalt, mein Pan? Meine Tränen sind offenbar nicht heiß genug, ich kann dich mit ihnen nicht erwärmen! Mein Weinen ist offenbar nicht laut genug, ich kann dich damit nicht aufwecken! Wer wird nun deine Regimenter führen? Wer wird auf deinem Rappen reiten? Wer stößt jetzt vor den Kosaken die Kampfschreie aus und schwingt den Säbel? Kosaken! Kosaken! Wo ist eure Ehre, euer Ruhm? Eure Ehre und euer Ruhm liegen mit geschlossenen Augen auf der feuchten Erde. Begrabt mich, begrabt mich mit ihm zusammen! Schüttet mir die Augen mit Erde zu! Legt mir Ahornbretter auf die weiße Brust! Ich brauche meine Schönheit nicht mehr!«

Katerina weint und jammert; doch in der Ferne bedeckt sich alles mit Staub; der alte Kosakenhauptmann Gorobez kommt zu Hilfe geritten.

Wunderlich ist der Dnjepr bei ruhigem Wetter, wenn er seine reichen Wasser frei und leicht durch die Wälder und Berge trägt. Kein Rauschen, kein Dröhnen. Man schaut hin und weiß nicht, bewegt er sich, bewegt er sich nicht in seiner majestätischen Breite, und es kommt einem so vor, als sei er ganz aus Glas gegossen und als ob eine blaue Spiegelstraße ohne Maß in der Breite, ohne Ende in der Länge durch die grüne Welt ströme und sich winde. Auch die heiße Sonne freut sich an solchen Tagen, sich aus der Höhe selbst zu betrachten und ihre Strahlen in seine kühlen gläsernen Wasser zu tauchen, und die Uferwälder haben ihre Freude daran, sich klar im Wasser zu spiegeln. Diese Grüngelockten! Zusammen mit den Feldblumen drängen sie sich zu den Wassern, beugen sich über sie, schauen hinein und können sich nicht sattsehen und gar nicht genug freuen an ihrem lichten Spiegelbild, und sie lächeln ihm zu, und sie grüßen es mit ihren Zweigen winkend. Doch in die Mitte des Dnjepr wagen sie nicht zu schauen: Niemand außer der Sonne und dem blauen Himmel schaut da hinein. Selten fliegt ein Vogel bis zur Mitte des Dnjepr. Wie prachtvoll! Kein Fluss auf der Welt kommt ihm gleich! Wunderlich ist der Dnjepr auch in einer warmen Sommernacht, wenn alles schläft – Mensch, Tier und Vogel; und Gott allein betrachtet majestätisch Himmel und Erde und schüttelt majestätisch sein Gewand. Vom Gewand rieseln Sterne. Die Sterne brennen und leuchten über der Welt und spiegeln sich alle zugleich im Dnjepr. Sie alle birgt der Dnjepr in seinem dunklen Schoß. Nicht einer kann ihm entfliehen, es sei denn, er erlischt am Himmel. Der schwarze Wald, besetzt mit schwarzen Raben, und die seit Urzeiten zerklüfteten Berge beugen sich vor und bemühen sich, ihn wenigstens mit ihrem langen Schatten zu bedecken – vergebens! Nein, nichts gibt es auf der Welt, was den Dnjepr bedecken könnte. Blau in blau strömt er in breiter Flut in der Nacht wie am Tag – er ist so weit zu sehen, so weit das Menschenauge sehen kann. Wenn er vor nächtlicher Kühle erzittert und sich fester an die Ufer schmiegt, hinterlässt er eine silberne Strömung, und sie blitzt auf wie ein Damaszener Säbel – doch er, der blaue, ist schon wieder eingeschlafen. Auch dann ist der Dnjepr wunderlich, und es gibt keinen Fluss, der ihm gleichkommt. Doch wenn dunkelblaue Wolken wie Gebirge über den Himmel ziehen, erbebt der schwarze Wald bis zu den Wurzeln. Die Eichen krachen, und der Blitz, aus den Wolken hervorbrechend, erleuchtet mit einem Schlag die ganze Welt – schrecklich ist dann der Dnjepr! Die Wasserhügel donnern, schlagen gegen die Berge, ziehen sich glänzend und stöhnend zurück, sie weinen und zerfließen in der Ferne in Tränen. So quält sich die alte Mutter eines Kosaken, die ihren Sohn zum Heer begleitet. Verwegen und wachsam reitet er auf seinem Rappen, die Hände in die Hüften gestemmt, und die Mütze in den Nacken geschoben; sie aber läuft ihm weinend nach, greift nach den Steigbügeln, greift nach den Zügeln, ringt die Hände und vergießt heiße Tränen.

Wild ragen aus den kämpfenden Wellen am vorspringenden Ufer schwarz verkohlte Baumstümpfe und Steine empor. Ein anlegendes Boot schlägt gegen das Ufer, hebt sich nach oben und senkt sich nach unten. Welcher Kosake wagt es, zu einer Zeit, wo der alte Dnjepr wütet, in einem Boot zu fahren? Er weiß wohl nicht, dass der Menschen wie Fliegen verschluckt.

Das Boot legte an, und es entstieg ihm der Zauberer. Er ist nicht froh: Bitter war ihm die Totenfeier, die die Kosaken für ihren toten Pan abgehalten hatten. Nicht wenig hatten die Polen zu zahlen: Vierundvierzig Pans mit ganzer Rüstung und Kaftanen und dreiunddreißig Knechte wurden in Stücke gehauen, die übrigen wurden gefangen genommen und zusammen mit den Pferden an die Tataren verkauft.

Er stieg die steinernen Stufen zwischen den verkohlten Baumstümpfen in die Erdhütte hinab, die er sich tief in die Erde gegraben hatte. Leise trat er ein, ohne mit der Tür zu knarren, stellte auf den mit einem Tuch bedeckten Tisch einen Topf und begann mit seinen langen Armen irgendwelche unbekannten Kräuter hineinzuwerfen, dann nahm er einen aus wunderlichem Holz gemachten Topf, schöpfte mit ihm Wasser und goss es wieder aus; dabei bewegte er seine Lippen und murmelte irgendwelche Beschwörungen. Ein rosafarbenes Licht zeigte sich in der Stube; und es war schrecklich, ihm damals ins Gesicht zu schauen; es erschien blutig, nur tiefe Falten zeichneten sich darauf schwarz ab, und die Augen glühten wie Feuer. Der gottlose Sünder! Der Bart war schon längst ergraut und das Gesicht von Falten durchfurcht und ganz vertrocknet, und trotzdem hatte er immer noch Gottloses im Sinn. Mitten in der Stube schwebte plötzlich eine weiße Wolke, und etwas wie Freude blitzte in seinem Gesicht auf. Doch warum blieb er so plötzlich wie angewurzelt mit offenem Mund stehen und wagte es nicht, sich zu rühren, und warum sträubten sich die Haare wie Borsten auf seinem Kopf? In der Wolke vor ihm leuchtete ein wunderliches Gesicht. Es war ungebeten, uneingeladen zu Besuch gekommen; und es wurde immer deutlicher und starrte ihn mit unbeweglichen Augen immer fester an. Die Gesichtszüge, die Brauen, die Augen, die Lippen – alles war ihm unbekannt. Niemals in seinem ganzen Leben hatte er es gesehen. Es schien nicht viel Schreckliches an sich zu haben, doch übermannte ihn ein unüberwindliches Entsetzen. Doch der unbekannte, wunderliche Kopf blickte ihn durch die Wolke ebenso unbeweglich an. Die Wolke war schon verschwunden, doch die unbekannten Züge traten noch schärfer hervor, und die stechenden Augen rissen sich nicht von ihm los. Der Zauberer wurde bleich wie eine Leinwand. Mit einer wilden, nicht seiner Stimme schrie er auf, warf den Topf um ... Alles war verschwunden.

»Beruhige dich, meine liebe Schwester!«, sagte der alte Hauptmann Gorobez. »Träume sprechen selten die Wahrheit.«

»Leg dich hin, liebe Schwester!«, sagte seine junge Schwiegertochter. »Ich lasse die alte Wahrsagerin rufen, gegen die kommt keine Macht auf. Sie wird deine Unruhe durch Bleigießen vertreiben.«

»Fürchte nichts«, sagte sein Sohn und griff nach dem Säbel, niemand wird dir etwas zuleide tun.

Düster, mit trüben Augen blickte Katerina alle an und fand keine Worte. »Ich habe mich selbst ins Verderben gestürzt: Ich habe ihn herausgelassen.« Schließlich sagte sie:

»Ich finde keine Ruhe vor ihm! Jetzt bin ich schon seit Tagen bei euch in Kiew; doch der Kummer ist keinen Deut weniger geworden. Ich habe nachgedacht, ich werde den Sohn in aller Stille für die Rache großziehen ... Schrecklich, schrecklich erschien er mir im Traum! Gott bewahre euch davor, ihn zu sehen! Mein Herz klopft noch immer. ›Ich werde dein Kind totschlagen, Katerina‹, schrie er, ›wenn du nicht meine Frau wirst!‹ ...« Und schluchzend stürzte sie zur Wiege, das erschrockene Kind streckte seine Ärmchen aus und schrie.

Der Sohn des Kosakenhauptmanns schäumte und funkelte vor Wut, als er diese Worte hörte.

Selbst der Kosakenhauptmann Gorobez geriet außer sich:

»Er soll nur versuchen herzukommen, dieser verdammte Antichrist; er soll sehen, ob in den Armen eines alten Kosaken noch Kraft steckt. Gott ist mein Zeuge«, sagte er und hob seine scharfsichtigen Augen zum Himmel, »bin ich nicht hergeeilt, um meinem Bruder Danilo die Hand zu reichen? Es war sein heiliger Wille! Ich traf ihn schon auf dem kalten Bett, auf dem viel, viel Kosakenvolk ruht. War dafür seine Totenfeier nicht herrlich? Haben wir auch nur einen einzigen Polen am Leben gelassen? Beruhige dich, mein Kind, niemand wird es wagen, dich zu beleidigen, es sei denn, ich und mein Sohn sind nicht mehr am Leben.«

Nach diesen Worten trat der alte Hauptmann an die Wiege; als das Kind seine an einem Riemen hängende rote Pfeife in einer Silberfassung und den Lederbeutel mit dem glänzenden Feuerstahl erblickte, streckte es ihm die Ärmchen entgegen und lachte.

»Der kommt nach dem Vater«, sagte der alte Hauptmann, nahm die Pfeife ab und gab sie ihm, »er ist noch nicht der Wiege entwachsen und denkt schon daran, Pfeife zu rauchen.«

Katerina seufzte leise auf und begann die Wiege zu schaukeln. Sie vereinbarten, die Nacht gemeinsam zu verbringen, und kurz darauf schliefen alle ein. Auch Katerina schlief ein.

Auf dem Hof und im Haus war alles still; nur die Kosaken, die Wache standen, schliefen nicht. Plötzlich schrie Katerina auf, wachte auf und nach ihr wachten alle auf. »Er wurde getötet, hingeschlachtet!«, schrie sie und stürzte zur Wiege.

Alle umringten die Wiege und erstarrten vor Schreck, als sie sahen, dass darin ein lebloses Kind lag. Niemand sagte einen Ton. Sie wussten nicht, wie dieses unerhörte Verbrechen zu erklären war.

Fern vom Land der Ukrainer, nachdem man Polen und die bevölkerungsreiche Stadt Lemberg hinter sich gelassen hat, ziehen sich Reihen hoher Berggipfel hin. Ein Berg nach dem anderen, wie steinerne Ketten schmieden sie die Erde rechts und links fest, damit das brausende wilde Meer nicht einsickern kann. Die steinernen Ketten ziehen sich bis in die Walachei und das Siebenbürger Gebiet und ragen als riesige Masse in Hufeisenform zwischen dem galizischen und ungarischen Volk auf. In unserem Land gibt es solche Berge nicht. Das Auge wagt nicht, sie zu betrachten, und manchen Gipfel hat noch kein menschlicher Fuß betreten. Wundersam ist ihr Anblick: Ist da nicht das wilde Meer im Sturm über seine breiten Ufer getreten und hat es nicht seine unförmigen Wellen im Wirbel hochgeschleudert, und diese blieben versteinert, unbeweglich in der Luft? Haben sich vom Himmel vielleicht schwere Wolken losgerissen und die Erde unter sich begraben? Denn die Berge haben dieselbe graue Farbe, nur ein weißer Gipfel glänzt und funkelt in der Sonne. Bis zu den Karpaten hört man noch Russisch, und auch hinter den Bergen kann man hie und da ein gleichsam vertrautes Wort hören, aber dort ist der Glaube und auch die Sprache anders. Dort lebt das zahlreiche Volk der Ungarn; es reitet auf Pferden, es schlägt sich und trinkt nicht schlechter als der Kosake; für schönes Pferdegeschirr und prächtige Röcke ziehen sie gern manchen Tscherwonzen aus der Tasche. Zwischen den Bergen gibt es weite und große Seen. Sie sind unbeweglich wie Glas und spiegeln die kahlen Gipfel der Berge und ihre grünen Sohlen wider.

Aber wer reitet da mitten in der Nacht, ob die Sterne blitzen oder nicht blitzen, auf einem riesigen Rappen? Welcher Recke von unmenschlicher Größe jagt unter den Bergen, über den Seen, spiegelt sich mit seinem Riesenpferd in den reglosen Wassern, und wessen endloser Schatten huscht schrecklich über die Berge? Sein geschmiedeter Harnisch glänzt, auf der Schulter die Lanze, am Sattel rasselt der Säbel, das Visier ist herabgelassen, schwarz glänzt sein Schnurrbart, geschlossen sind die

Augen – er schläft. Schlafend hält er die Zügel; hinter ihm auf dem Pferd sitzt ein junger Page und schläft auch, und schlafend hält er sich am Recken fest. Wer ist er, wohin, wozu reitet er? Wer kennt ihn? Nicht einen Tag, nicht zwei reitet er schon über die Berge. Wenn der Tag anbricht und die Sonne aufgeht, ist er nicht mehr zu sehen; nur selten sahen die Bergbewohner, wie ein langer Schatten durch die Berge huschte, obwohl der Himmel klar war und keine Wolke über ihn zog. Aber sobald die Nacht die Dunkelheit bringt, ist er wieder zu sehen und spiegelt sich in den Seen, und hinter ihm reitet zitternd sein Schatten. Schon viele Berge hat er hinter sich gelassen, und nun war er auf den Kriwan geritten. Einen höheren Berg gibt es in den Karpaten nicht; wie ein Zar erhebt er sich über die anderen. Da blieben Pferd und Reiter stehen; noch tiefer sank er in den Schlaf, und die Wolken senkten sich über ihn und hüllten ihn ein.

»Pst! Sei leise, Weib! Klopf nicht so, mein Kind ist eingeschlafen. Lange hat mein Sohn geschrien, jetzt schläft er. Ich gehe in den Wald, Weib!

Was schaust du mich so an? Du siehst schrecklich aus: Aus deinen Augen ragen eiserne Zangen ... uch, wie lang sie sind! Und sie brennen wie Feuer! Du bist sicher eine Hexe! Oh, wenn du eine Hexe bist, dann verschwinde von hier! Du wirst mir meinen Sohn rauben. Wie dumm ist dieser Hauptmann, er glaubt, ich sei froh, in Kiew zu leben; nein, hier ist mein Mann, ist mein Sohn, wer wird nach dem Häuschen schauen? Ich bin so leise weggegangen, dass es weder Hund noch Katze gehört haben. Willst du, Weib, wieder jung werden? Das ist gar nicht so schwer: Man muss nur tanzen; schau, wie ich tanze ...« Nach solchen unzusammenhängenden Reden begann sich Katerina im Tanz zu drehen. Sie blickte wie verrückt nach allen Seiten und stemmte die Arme in die Hüften. Sie kreischte und stampfte mit den Füßen, ohne Maß, ohne Takt klirrten die silbernen Absätze. Die nicht geflochtenen schwarzen Zöpfe wirbelten um ihren weißen Hals. Sie flog wie ein Vogel, der nicht einhielt, sie schwang die Arme und nickte mit dem Kopf, und es schien, als müsste sie – entkräftet – entweder zu Boden stürzen oder aus dieser Welt hinausfliegen.

Traurig stand die alte Kinderfrau da, und Tränen strömten ihr über die tiefen Runzeln; ein schwerer Stein lag auf dem Herzen der treuen Burschen, als sie ihre Pani so sahen. Sie war schon ganz schwach geworden und stampfte mit den Füßen auf derselben Stelle, wo sie glaubte, den Gorliza zu tanzen. »Aber ich habe eine Halskette, Burschen«, sagte sie und blieb schließlich stehen, »aber ihr nicht! ... Wo ist mein Mann?«, schrie sie plötzlich auf und zog aus dem Gürtel einen türkischen Dolch. »Oh, das ist nicht so ein Messer, wie ich es brauche.« Tränen traten ihr in die Augen, und ihr Gesicht verzerrte sich vor Kummer. »Bei meinem Vater liegt das Herz tief, die Klinge wird es nicht erreichen. Sein Herz ist aus Eisen geschmiedet. Eine Hexe hat es ihm auf dem Höllenfeuer geschmiedet. Warum kommt mein Vater nicht? Weiß er denn nicht, dass es Zeit ist, ihn zu erstechen? Er will offensichtlich, dass ich selbst komme ...« Und ohne zu Ende zu sprechen, lachte sie wunderlich los. »Da fällt mir eine lustige Geschichte ein: Ich erinnere mich, wie man meinen Mann begrub. Man hat ihn ja lebendig begraben ... Ich musste so lachen! ... Hört zu, hört zu!« Doch statt weiterzusprechen, begann sie ein Lied zu singen:

Es fährt ein blutiger Wagen,
Der Kosake darin ist tot,
Die Brust ist ihm zerschlagen,

Sein Spieß in der Hand ganz rot.
Das Blut fließt in Bächen zu Boden.
Ein Ahorn steht an dem Bach,
Es sitzt ein Rabe droben.
Der Rabe kann nur krächzen,
Die Mutter kann nur ächzen.
Ach Mutter, lass das Klagen!
Dein Sohn wird noch vorm Tagen
Ein hübsches Fräulein frein.
Er bringt sie in sein Haus hinein.
Doch wohin soll das führen –
Es fehlen Fenster, Türen.
Es tanzte der Krebs
mit dem Fischfräulein ...
Und wer mich nicht liebt,
der lasse es sein!

So brachte sie alle Lieder durcheinander. Schon einen Tag oder zwei lebt sie in ihrem Häuschen und will nichts von Kiew hören, sie betet nicht und flieht die Menschen und streift vom Morgen bis zum späten Abend durch die dunklen Eichenwälder. Spitze Äste zerkratzen ihr das weiße Gesicht und die Schultern; der Wind zerzaust die aufgelösten Zöpfe; das alte Laub raschelt unter ihren Füßen – sie sieht nichts von alledem. In der Stunde, da das Abendrot erlischt, sich noch keine Sterne zeigen, der Mond noch nicht scheint, ist es aber schon schrecklich, durch den Wald zu gehen; die ungetauften Kinder krallen sich an den Baumstämmen fest und greifen nach den Ästen, sie schluchzen und lachen und rollen wie Knäuel über die Wege und die Brennnesseln; aus den Wellen des Dnjepr steigen reihenweise Mädchen heraus, die ihre Seelen ins Verderben gestürzt haben; die Haare fließen von den grünen Köpfen auf die Schultern, das Wasser rieselt plätschernd von den langen Haaren auf die Erde hinunter, und eine Jungfrau schimmert durch das Wasser wie durch ein gläsernes Hemd; wundersam lächeln ihre Lippen, die Wangen glühen, die Augen locken die Seele heraus ... als würde sie vor Liebe verbrennen, sie möchte dich küssen ... Fliehe, getaufter Mensch! Ihre Lippen sind Eis, ihr Bett das kalte Wasser; sie wird dich kitzeln und in den Fluss ziehen. Katerina schaut auf niemanden, die Wahnsinnige fürchtet sich nicht vor den Nixen: Sie läuft noch spät mit dem Dolch herum und sucht ihren Vater.

Am frühen Morgen kam irgendein Gast, recht stattlich, in rotem Kaftan, und erkundigt sich nach Pan Danilo; er hört alles an, reibt sich mit dem Ärmel die verweinten Augen und zuckt mit den Schultern. Er habe zusammen mit dem toten Burulbasch gekämpft; zusammen hätten sie die Krimtataren und die Türken bekämpft; er habe nicht erwartet, dass Pan Danilo ein solches Ende nehmen würde. Der Gast erzählt noch viel anderes und will Pani Katerina sehen.

Katerina hörte anfangs nicht zu, was der Gast sagte; dann begann sie aber wie eine Vernünftige seinen Reden zu lauschen. Er erzählte, dass er und Danilo wie Brüder gelebt hätten, sie sich einmal vor den Krimtataren hinter einem Damm versteckt hatten … Katerina lauschte all dem und wandte kein Auge von ihm.

»Sie kommt wieder zur Besinnung«, dachten sich die Burschen, als sie sie anblickten. »Dieser Gast wird sie heilen! Sie hört schon wie eine Vernünftige zu!«

Der Gast begann indes davon zu erzählen, dass ihm Pan Danilo in einem vertraulichen Gespräch gesagt hatte: »Hör zu, Bruder Koprjan! Wenn ich durch Gottes Willen einmal nicht mehr auf dieser Welt bin, nimm meine Frau zu dir, sie soll deine Frau werden …«

Schrecklich durchbohrten ihn Katerinas Augen. »Ah,«, schrie sie auf, »das ist er! Das ist mein Vater!« und stürzte sich mit dem Messer auf ihn.

Lange kämpfte er und bemühte sich, ihr das Messer zu entreißen. Schließlich entriss er es ihr, holte aus – und es passierte etwas

Schreckliches: Der Vater tötete seine wahnsinnige Tochter.

Die verblüfften Kosaken wollten sich auf ihn werfen, aber dem Zauberer war es bereits gelungen, auf das Pferd zu springen, und er entschwand den Blicken.

In der Gegend von Kiew trug sich ein unerhörtes Wunder zu. Alle Pans und Hetmane versammelten sich, um dieses Wunder zu bestaunen: Man konnte plötzlich ganz klar bis an die Enden der Welt sehen. In der Ferne leuchtete blau die Flussmündung, und hinter der Flussmündung wogte das Schwarze Meer. Weitgereiste erkannten auch die Krim, die sich wie ein Berg aus dem Meer erhob, und den sumpfigen Sywasch. Linkerhand war das galizische Land zu sehen.

»Und was ist das?«, fragte das Volk, das sich versammelt hatte, die alten Leute und wies auf die in der Ferne am Himmel flimmernden grauen und weißen Gipfel, die eher Wolken glichen.

»Das sind die Karpaten!«, sagten die alten Leute. »Unter ihnen sind solche, von denen der

Schnee niemals verschwindet, und die Wolken landen und übernachten dort.«

Da zeigte sich ein neues Wunder: Die Wolken flogen vom höchsten Berg herunter, und auf dem Gipfel zeigte sich in voller Ritterrüstung ein Mann auf einem Pferd, mit geschlossenen Augen, und er war so deutlich zu sehen, als stünde er in der Nähe.

Da sprang einer mitten in der sich ängstlich wundernden Menge aufs Pferd und jagte, gleichsam mit den Augen suchend, als wollte er sich vergewissern, dass ihn niemand verfolgte, eilig, mit ganzer Kraft davon. Es war der Zauberer. Weshalb war er nur so erschrocken? Als er voller Angst den wundersamen Ritter erblickt hatte, erkannte er an ihm dasselbe Gesicht, das ihm damals ungerufen erschienen war, als er zauberte. Er konnte selbst nicht begreifen, warum ihn dieser Anblick so erschreckt hatte, und jagte, scheu um sich blickend, mit seinem Pferd dahin, bis die Nacht anbrach und die Sterne blinkten. Da erst kehrte er nach Hause zurück, vielleicht um eine unreine Macht zu fragen, was solch ein Wunder zu bedeuten habe. Er wollte mit seinem Pferd schon über einen schmalen Bach setzen, der seinen Weg kreuzte und nicht breiter als ein Rockärmel war, als das Pferd mitten im Lauf plötzlich stehenblieb, ihm sein Maul zudrehte und – o Wunder – zu lachen anfing. Schrecklich blitzten die beiden Reihen seiner weißen Zähne in der Finsternis. Dem Zauberer standen die Haare zu Berge. Er stieß einen wilden Schrei aus, schluchzte wie ein Besessener und trieb sein Pferd geradewegs auf Kiew zu. Es war ihm, als liefen alle von allen Seiten her, um ihn zu fangen. Die Bäume, die ihn wie ein dunkler Wald umgaben und lebendig wirkten, nickten mit schwarzen Bärten und streckten die langen Äste aus und bemühten sich, ihn zu erwürgen, die Sterne liefen scheinbar vor ihm her, um alle auf den Sünder zu zeigen, selbst der Weg jagte scheinbar seinen Spuren nach. Der verzweifelte Zauberer eilte nach Kiew, zu den heiligen Stätten.

Ein Einsiedler saß einsam in einer Höhle vor seiner Lampe und sah unverwandt auf ein heiliges Buch. Schon vor vielen Jahren hatte er sich in seine Höhle eingeschlossen. Er hatte sich einen Sarg aus Brettern gezimmert, in den er sich, anstelle eines Bettes, schlafen legte. Der heilige Alte schloss das Buch und begann zu beten ... Plötzlich lief ein Mann von wunderlichem, schrecklichem Aussehen herein. Im ersten Moment erstaunte der heilige Einsiedler und wich zurück, als er den Mann sah. Dieser zitterte am ganzen Körper wie Espenlaub, seine Augen schauten wild umher, schreckliche Funken sprühten schreckhaft aus den Augen; sein hässliches Gesicht ließ die Seele erzittern.

»Vater, bete! Bete!«, schrie er verzweifelt, »bete für eine verlorene Seele!« und stürzte zu Boden.

Der heilige Einsiedler bekreuzigte sich, nahm das Buch und schlug es auf – und vor Schreck wich er zurück und ließ das Buch fallen. »Nein«, sagte er, »du unerhörter Sünder! Es gibt keine Gnade für dich! Fliehe von hier! Ich kann nicht für dich beten!«

»Nein?«, schrie der Sünder wie verrückt.

»Schau: Die heiligen Buchstaben im Buch sind voller Blut. Noch nie hat es auf der Welt einen solchen Sünder gegeben!«

»Vater, du verspottest mich!«

»Geh fort, du verdammter Sünder! Ich verspotte dich nicht. Angst überfällt mich. Es ist nicht gut für einen Menschen, mit dir zusammen zu sein!«

»Nein, nein, du verspottest mich, rede nicht! Ich sehe, wie sich dein Mund verzieht, wie die Reihen deiner alten Zähne weiß schimmern! ...«

Und wie ein Wahnsinniger stürzte er sich auf ihn und tötete den heiligen Einsiedler!

Irgendetwas stöhnte schwer auf, und das Stöhnen wurde über Feld und Wald getragen. Hinter dem Wald tauchten magere, dürre Hände mit langen Krallen auf, sie erbebten und verschwanden.

Nun hatte er keine Angst mehr, er fühlte nichts mehr. Alles kam ihm irgendwie verschwommen vor. In seinen Ohren sauste es, in seinem Kopf sauste es, wie von einem Rausch; und alles vor seinen Augen schien wie mit Spinnweben überzogen zu sein. Er sprang auf das Pferd und ritt direkt nach Kanew; und von dort wollte er über Tscherkassy zu den Krimtataren gelangen – warum, das wusste er selbst nicht. Er reitet schon einen Tag, einen zweiten, doch Kanew ist immer noch nicht da. Der Weg war der richtige, er hätte schon längst dort sein müssen, aber Kanew ist nicht zu sehen. Da glänzten in der Ferne Kirchenkuppeln. Aber das ist nicht Kanew, sondern Schumsk. Der Zauberer staunte, als er sah, dass er in eine ganz andere Richtung geritten war. Er jagte sein Pferd nach Kiew zurück, und schon nach einem Tag tauchte eine Stadt auf; aber es war nicht Kiew, sondern

Galitsch, eine Stadt, die noch weiter von Kiew entfernt liegt als Schumsk und sich schon gar nicht mehr weit weg von Ungarn befindet. Er wusste nicht, was er tun sollte, und wendete das Pferd erneut zurück, und wieder fühlte er, dass er in die entgegengesetzte Richtung ritt, immer weiter. Kein einziger Mensch auf der Welt hätte erzählen können, was in der Seele des Zauberers vorging; und hätte ein Mensch hineinblicken und sehen können, was sich dort tat, dann hätte er in der Nacht schon nicht mehr geschlafen und kein einziges Mal mehr gelacht. Weder Wut noch Furcht noch großer Ärger hatten ihn gepackt. Es gibt kein Wort auf dieser Welt, mit dem man es hätte benennen können. In ihm brannte und loderte es, er wollte die ganze Welt mit seinem Pferd zertrampeln, die ganze Erde von Kiew bis Galytsch mit den Menschen packen und alles zusammen im Schwarzen Meer ertränken. Doch nicht aus Hass wollte er das tun, nein, er wusste selbst nicht warum. Er erzitterte am ganzen Körper, als sich nahe vor ihm schon die Karpaten und der hohe Kriwan zeigten, dessen Scheitel wie mit einer Mütze von einer grauen Wolke bedeckt war; aber das Pferd jagte weiter und sprengte schon über die Berge. Plötzlich zerriss die Wolkenwand, und vor ihm zeigte sich ein Reiter in schrecklicher

Größe … Der Zauberer bemühte sich anzuhalten und zog die Zügel straff; das Pferd wieherte wild, es warf die Mähne hoch und raste auf den Ritter zu. Der Zauberer hatte das Gefühl, als ob alles in ihm erstarb, als ob sich der unbewegliche Reiter rührte, die Augen aufmachte und beim Anblick des auf ihn zueilenden Zauberers auflachte. Wie ein Donner rollte das wilde Lachen über die Berge und dröhnte im Herzen des Zauberers nach und erschütterte sein ganzes Inneres. Ihm war, als wäre irgendein kräftiges Wesen in ihn gekrochen, ginge dort umher und schlüge mit Hämmern auf sein Herz und seine Adern ein … So schrecklich hallte dieses Lachen in ihm wider!

Der Reiter ergriff den Zauberer mit schrecklicher Hand und hob ihn in die Luft. Im Nu starb der Zauberer und öffnete nach dem Tod die Augen. Aber er war schon ein Leichnam und blickte wie ein Leichnam. So schrecklich blickt kein Lebender und kein vom Tod Auferstandener. Er rollte die toten Augen nach allen Seiten und sah, wie sich die Toten im Kiewer Land, in Galizien und in den Karpaten aus ihren Gräbern erhoben, sie alle glichen ihm wie zwei Tropfen Wasser einander gleichen.

Blass, sehr blass, einer immer größer als der andere, einer immer knochiger als der andere standen sie um den Reiter herum, der in seiner Hand seine schreckliche Beute hielt. Noch einmal lachte der Ritter auf und warf ihn in einen Abgrund. Und alle Toten sprangen in den Abgrund, fingen den Leichnam auf und bohrten ihre Zähne in ihn hinein. Und noch einer, der größer und schrecklicher war als die anderen, wollte der Erde entsteigen, doch er konnte es nicht, er hatte nicht die Kraft, es zu tun, denn er war in der Erde zu groß gewachsen; wenn er sich aber erhoben hätte, dann hätte er die Karpaten, Siebenbürgen und die türkischen Lande in Trümmer gelegt; er bewegte sich nur ganz wenig, und doch erbebte schon davon die ganze Erde. Und überall stürzten viele Häuser ein, und viele Menschen kamen um.

Oft hört man in den Karpaten ein Sausen, wie wenn sich tausend Mühlräder im Wasser drehen. Da nagen die Toten an einem Toten, in einem ausweglosen Abgrund, den noch kein einziger Mensch gesehen hat und an dem vorbeizugehen sich jeder fürchten würde. Nicht selten geschieht es in der ganzen Welt, dass die Erde von einem Ende zum anderen erbebt; das passiert deshalb, erklären kluge Menschen, weil in der Nähe eines Meeres ein Berg ist, aus dem Flammen schlagen und brennende Flüsse strömen. Aber die alten Männer, die in Ungarn und

Galizien leben, wissen es besser und sagen, dass sich der in der Erde gewachsene große, große Tote erheben wolle und die Erde erschüttere.

In der Stadt Gluchow hat sich das Volk um einen alten Banduraspieler versammelt und hörte schon etwa eine Stunde lang zu, wie der Blinde auf der Bandura spielt. Solche wunderbaren Lieder hatte noch kein Banduraspieler so gut gesungen. Zuerst sang er von den Hetmans der alten Zeiten, von Sagaidatschny und Chmelnizki. Das war eine andere Zeit gewesen: Die Kosaken waren berühmt, sie stampften ihre Feinde mit den Pferden nieder, und niemand wagte es, sie zu verlachen. Auch lustige Lieder sang der Alte, und seine Augen glitten über das Volk, als könnte er sehen; seine Finger mit den Knochenstäbchen flogen wie die Fliegen über die Saiten, und die Saiten schienen selbst zu spielen; das Volk ringsum aber, die Alten mit gesenkten Köpfen, die Jungen die Augen auf den Alten gerichtet, wagten es nicht einmal, miteinander zu flüstern.

»Wartet«, sagte der Alte, »ich singe euch von einer uralten Begebenheit.«

Das Volk rückte noch enger zusammen, und der Blinde begann zu singen:

»In der Zeit von Pan Stefan, dem Fürsten von Siebenbürgen, damals war der Fürst von Siebenbürgen zugleich König der Polen, lebten zwei Kosaken: Iwan und Petro. Sie lebten wie Brüder miteinander. ›Sieh, Iwan, alles was wir erbeuten, alles wird geteilt. Die Freude des einen sei auch die Freude des anderen, der Schmerz des einen sei auch der Schmerz des anderen, die Beute des einen auch die Beute des anderen; sollte einer in Gefangenschaft geraten, soll der andere alles verkaufen und Lösegeld geben oder selbst in Gefangenschaft gehen.‹ Und wirklich, alles was die Kosaken erbeuteten, teilten sie miteinander, ob sie nun fremdes Vieh wegtrieben oder Pferde, alles teilten sie miteinander.«

* * *

König Stefan führte Krieg gegen die Türken. Schon seit drei Wochen führte er Krieg gegen die Türken und konnte sie einfach nicht verjagen. Die Türken aber hatten einen Pascha, der allein mit zehn Janitscharen ein ganzes Regiment niedermetzeln konnte. Da ließ König Stefan bekanntgeben, dass er, wenn sich ein Mutiger fände, der ihm den Pascha tot oder lebendig bringt, er ihm allein so viel Lohn gäbe, wie er dem ganzen Heer gibt. »Machen wir uns auf, Bruder, den Pascha zu fangen!«, sagte Bruder Iwan zu Petro. Und die Kosaken ritten los – der eine nach der einen Seite, der andere nach der anderen.

* * *

Man weiß nicht, ob Petro den Pascha gefangen hätte oder nicht, doch Iwan führte ihn schon mit einem Strick um den Hals zum König. »Braver Bursche!«, sagte König Stefan und ließ ihm allein einen solchen Lohn aushändigen, wie ihn ein ganzes Heer bekam; und er befahl, ihm dort Land zuzuteilen, wo er es haben wollte, und ihm Vieh zu geben, so viel er wollte. Nachdem Iwan den Lohn vom König empfangen hatte, teilte er noch am selben Tag alles mit Petro. Petro nahm die Hälfte des königlichen Lohns, doch er konnte es nicht ertragen, dass Iwan vom König solche Ehre widerfahren war, und er verbarg tief im Herzen Rachegedanken.

* * *

Beide Ritter ritten in das vom König geschenkte Land hinter den Karpaten. Der Kosake Iwan setzte seinen Sohn zu sich auf das Pferd und band ihn an sich fest. Schon brach die Dämmerung herein – sie reiten immer noch. Der Kleine war eingeschlafen, und auch Iwan selbst nickte ein. Schlafe nicht, Kosake, in den Bergen sind die Wege gefährlich! Doch der Kosake hat ein Pferd, das überall den Weg findet, es stolpert nicht und tritt nicht daneben. Zwischen den Bergen gibt es einen Abgrund, niemand konnte dessen Grund sehen: Bis zum Grund ist es so weit wie von der Erde bis zum Himmel. Direkt oberhalb des Abgrunds führt ein Weg, auf dem gerade noch zwei Menschen reiten können, aber drei um keinen Preis. Vorsichtig schritt das Pferd mit dem schlummernden Kosaken. Daneben ritt Petro, er zitterte am ganzen Leib und hielt vor Freude den Atem an. Er schaute sich um und stieß den erwählten Bruder in den Abgrund. Und das Pferd mit dem Kosaken und dem Jungen flog in den Abgrund.

* * *

Der Kosake hielt sich jedoch an einem Ast fest, und nur das Pferd flog in den Abgrund. Er begann mit dem Sohn auf dem Rücken nach oben zu klettern; fast hatte er es geschafft, da hob er die Augen und sah, dass Petro seine Lanze auf ihn gerichtet hatte, um ihn zurückzustoßen. »Du mein gerechter Gott, hätte ich doch lieber nicht die Augen gehoben und sehen müssen, wie mein eigener Bruder mit der Lanze nach mir zielt, um mich zurückzustoßen … Mein lieber Bruder! Wenn ich durch deine Lanze sterben soll, so ist das eben mein Schicksal! Aber nimm meinen Sohn! Womit hat sich das unschuldige Kind schuldig gemacht, dass es solch einen grausamen Tod sterben soll?« Petro lachte auf und stieß ihn mit der Lanze hinab, und der Kosake flog mit seinem Kind auf den Grund. Petro nahm sich die ganze Habe und begann zu leben wie ein Pascha. Niemand hatte solche Pferdeherden wie Petro. Nirgends gab es so viele Schafe und Hammel. Und Petro starb.

* * *

Als Petro gestorben war, rief Gott die Seelen beider Brüder, Petros und Iwans, vor sein Gericht. »Dieser Mensch ist ein großer Sünder!«, sagte Gott. »Iwan, ich kann im Moment keine Strafe für ihn finden, wähle du selbst die Strafe!« Iwan überlegte lange, er dachte sich eine Strafe aus und sagte schließlich: »Großes Leid hat mir dieser Mensch zugefügt: Er hat seinen Bruder verraten wie Judas und mich meines ehrenhaften Geschlechts und meiner Nachkommenschaft auf Erden beraubt. Ein Mensch ohne ehrenhaftes Geschlecht und ohne Nachkommenschaft ist aber wie ein Samenkorn, das in die Erde geworfen wird und in der Erde verkommt. Es geht nicht auf – und niemand erfährt, dass ein Samenkorn gesät wurde.«

* * *

»Gib Gott, dass alle seine Nachkommen auf Erden kein Glück haben werden! Dass der letzte seines Geschlechts ein so böser Mensch sein wird, wie es ihn auf der Welt noch nicht gegeben hat! Und nach jeder Schandtat sollen seine Ahnen und Urahnen in ihren Särgen keine Ruhe finden und sich unter Qualen, wie sie die Welt noch nicht gekannt hat, aus ihren Gräbern erheben! Und der Judas Petro soll nicht die Kraft haben, aus dem Grabe zu steigen, und noch schrecklichere Qualen leiden; und er soll wie ein Wahnsinniger Erde essen und sich unter der Erde winden!«

* * *

»Und wenn das Maß der Schandtaten dieses Menschen voll ist, so erhebe mich, Gott, auf meinem Pferd aus diesem Abgrund auf den höchsten Berg, und er soll zu mir kommen, und ich werfe ihn von diesem Berg in den tiefsten Abgrund, und alle Toten, seine Großväter und Urgroßväter, wo auch immer sie ihr Leben gelebt haben, mögen aus allen Richtungen der Erde herbeikommen und für die Qualen, die er ihnen bereitet hat, an ihm nagen. Ewig sollen sie an ihm nagen, und ich werde mich freuen, wenn ich seine Qualen sehe! Und der Judas Petro soll sich nicht aus der Erde erheben können, er soll es immer wieder versuchen, um auch zu nagen, und dann soll er sich selbst benagen, und seine Knochen sollen wachsen, je länger desto größer, damit seine Qualen immer stärker werden. Diese Qual wird für ihn die schrecklichste: Denn für den Menschen gibt es keine größere Qual, als sich rächen zu wollen und sich nicht rächen zu können.«

* * *

»Eine schreckliche Strafe hast du dir ausgedacht, Mensch!«, sagte Gott. »Es möge alles so sein, wie du gesagt hast, aber sitze auch du dort ewig auf einem Pferd, und solange du auf deinem Pferd sitzt, sollst du nicht ins Himmelreich kommen.« Und all das erfüllte sich so, wie es gesagt wurde: Und bis heute sitzt ein wundersamer Ritter in den Karpaten auf einem Pferd und sieht zu, wie in einem bodenlosen Abgrund Tote einen Toten benagen, und er spürt, wie der unter der Erde liegende Tote wächst, wie er in schrecklichen Qualen an den eigenen Knochen nagt und die ganze Erde erschüttert ...

Der Blinde hat sein Lied gerade beendet, schon greift er wieder in die Saiten, schon beginnt er lustige Lieder von Choma und Jerjoma und von Stkljar Stokosa zu singen ... Doch die Alten und die Jungen sind noch nicht zu sich gekommen und stehen noch lange mit gesenkten Köpfen da und denken über die schreckliche Begebenheit nach, die sich in alten Zeiten zugetragen hat.

ANMERKUNGEN

S. 9 **Schlachtschitzen**
Das polnische Nomen »szlachta« bezeichnet den polnischen Adel. Schlachtschitzen sind polnische Adelige.

S. 9 **Pani Katerina**
Mit »pani« wird im Polnischen eine verheiratete oder unbekannte Frau angesprochen, mit »pan« ein Mann. Das Ukrainische hat viele polnische Sprachelemente übernommen.

S. 10 **Ikonen**
In der orthodoxen Kirche wird das Brautpaar von den Eltern gemäß dem Hochzeitsritual mit zwei Ikonen gesegnet: mit einer Erlöser- und einer Mutter-Gottes-Ikone. Dieses christlich-orthodoxe Motiv fehlt noch in der stärker mündlich geprägten Urfassung von *Schreckliche Rache.*

S. 12 **Met**
Met ist ein alkoholisches Getränk aus Honig und Wasser. Im östlichen Europa war es über Jahrhunderte sehr verbreitet.

S. 24 **Unierte**
Gemeint sind die Anhänger der Unierten Kirche: Die ukrainische griechisch-katholische Kirche nach byzantinischem Ritus ist eine Teilkirche der römisch-katholischen Kirche. Sie geht auf die Kirchenunion von Brest im Jahr 1596 zurück.

S. 56 **Hetman**

Ein Hetman ist ein Kosakenführer, er steht dem Hetmanat vor. Vom 16. bis 18. Jahrhundert war das Hetmanat ein Herrschaftsgebiet der Saporoger Kosaken. Es lag überwiegend auf dem Gebiet der heutigen Ukraine.

S. 70 **Tscherwonzen**

Der Tscherwonez, ursprünglich eine hellrote russische Goldmünze, später auch ein Geldschein, war seit dem 19. Jahrhundert offizielles Zahlungsmittel.

S. 71 **Kriwan**

Der Name des heute in der Slowakei gelegenen Bergs Kriváň bedeutet so viel wie ›Krummhorn‹. Mit 2494 Metern gehört er zu den höchsten Erhebungen der Karpaten. Aufgrund seiner auffallend gekrümmten Form ist er in viele Sagen eingegangen.

S. 77 **Sywasch**

Im Westen des Asowschen Meeres, das die Krim vom Festland trennt, liegt der Sywaschsee. Er wird u. a. wegen seiner geringen Tiefe und des hohen Salzgehaltes auch »Faules Meer« genannt.

S. 85 **Sagaidatschny und Chmelnizki**

Pjotr Konaschewitsch-Sagaidatschny (gest. 1622) und Bogdan Chmelnizki (um 1595–1657) waren beide Führer des Hetmanats.

S. 86 **Janitscharen**

Im Osmanischen Reich bildeten die Janitscharen die Elitetruppe der Armee. Sie existierte seit dem 14. Jahrhundert und wurde 1826 aufgelöst.

S. 92 **Choma und Jerjoma und von Stkljar Stokosa**

»Choma« und »Jerjoma« sind gängige russisch-ukrainische Namen. »Stkljar Stokosa« sind spezifische Eigennamen Gogols. In beiden Fällen spielt die Lautmalerei eine wichtige Rolle.

Gogol ukrainisch: ***Schreckliche Rache***

Walter Koschmal

Der uns wenig bekannte große russische Symbolist Andrei Bely (1880–1934) nennt zwei Prosatexte des ukrainisch-russischen Dichters Nikolai W. Gogol als dessen Hauptwerke: wenig überraschend den späteren Roman *Tote Seelen* (1842), höchst überraschend die frühe Erzählung *Schreckliche Rache* (1832). Dieser spirituelle Text sei das perfekte Kunstwerk. Für Bely ist seine Analyse von Gogols Gesamtwerk in seinem Buch *Gogols Meisterschaft* (*Masterstvo Gogolja*, 1934) wie ein Vermächtnis. Die Studie erscheint in seinem Todesjahr. Es handelt sich um selten gelesene, knapp 350 (bislang nur) russischsprachige Seiten. Das Buch ist hochkarätig, doch in einem symbolistisch-philologischen Duktus gehalten, ähnlich Belys Roman *Petersburg* (1913), den Vladimir Nabokov zu den drei größten Romanen des 20. Jahrhunderts zählt.

Gogol ist – anders als der russische Nationaldichter schlechthin, Alexander S. Puschkin – Prosaautor und Dramatiker. Für Bely integriert Gogol jedoch Prinzipien der Lyrik in seine Prosa, die dadurch zur »ersten in der Welt« werde. Doch zeige er – als Ukrainer – »Defekte« in Stil und Grammatik des Russischen. Bely vergleicht Puschkins Sätze mit J. S. Bachs *Wohltemperiertem Klavier*. Gogol hingegen zerschlage in seinem

»asymmetrischen Barock« die Sätze in Scherben. Bach, das sei strukturierte Bildung, Gogols Stil aber umfasse gesprochene Laute verschiedener Jargons – und in der Tat liebt Gogol es, zu sammeln und zu katalogisieren, er ist ein Wort-Messie, ein Pljuschkin der Sprachen. Während Bach an die Vergangenheit anknüpfe, weise Gogol auf die zerfledderte Sprache des 20. Jahrhunderts, auf den Futurismus voraus. Statt Schriftsprache schaffe Gogol eine (ukrainische) gesprochene Sprache mit ungeregelten Rhythmen und Lautmalereien, zumal in seiner frühen Phase. Der Russe Bely sagt von Gogol: »Er dachte ukrainisch.« Seine Sprache sei deshalb weit von der großrussischen »Fremdsprache« entfernt, und das, obgleich er Russisch schreibt. Viele seiner Wörter sind ukrainisch. Entscheidend ist ihr – anderer – Klang. Dabei transformiert der frühe Gogol selbst Familiennamen kosakisch: Namen wie »Golopunenko« oder »Popopuz« klingen für Bely wie futuristischer »zaum'«, quasi »Unsinn«.

Tatsächlich ist *Schreckliche Rache* von Fakten und Topoi der ukrainischen Folklore durchsetzt. Gleich zu Beginn werden die Hochzeitsgäste sieben Tage und Nächte lang bewirtet. Der Zauberer ist hinter »drei Schlössern« eingesperrt. Das erinnert an Zahlenstereotypen von Märchen. Die Nixen tauchen als die – auch – aus der russischen Folklore bekannten Seelen von Selbstmörderinnen aus dem Wasser auf. Danilos Frau Katerina, Tochter des Zauberers, hat ein weißes Gesicht, schwarze Brauen und braune Augen. Sie trägt auch einen »Klagegesang« vor. Die Urfassung der Erzählung beschreibt dieses ohnehin schablonenhaft-folkloristische Gesicht auch noch im typischen Diminutiv und bezeichnet es als »rund«. (Nicht nur darin ist die Mündlichkeit der Folklore in der Urfassung noch stärker, die zudem auch auf Absätze und Interpunktion verzichtet.) Und immer wieder wird der Dnjepr besungen, der gleichsam die Achse der Ukraine bildet, in der sich alles verdichtet: »Selten fliegt ein Vogel bis zur Mitte des Dnjepr.«

Entsprechend ist auch Gogols Poetik in *Schreckliche Rache* von der ukrainischen Folklore geprägt. Etwa in symmetrischen Rhythmusfolgen wie »Nur / vergeblich // dachte der Arme«. Sie entstammen meist Folkloreliedern, so zum Beispiel: »Rubi, kazak! / Guljaj, kazak!« (»Hau drein, Kosake! / Genieße, Kosake!«) Wiederholungen haben hier eine kontrapunktisch-musikalische Funktion: »Vater tritt auf – der Pan weicht zurück, der Pan tritt auf – Vater weicht zurück.« Auch Gesten werden wiederholt. Vor allem steigert sich die Wiederholung in der Erzählung oft hyperbolisch: »sie wunderten sich … wunderten sich aber noch mehr«. Wenn sich die Leichen nach und nach aus den Gräbern des Friedhofs erheben, sich dieser von einem Ort des Todes zu einem des Lebens wandelt, dann spricht Bely zurecht vom »Anwachsen der Wiederholung«. Solche lautlichen und rhythmischen Elemente machen die »freche Originalität des jungen Gogol« aus. Für Bely wird es das erst ein halbes Jahrhundert später bei Nietzsche, Maeterlinck und Verlaine wieder geben.

Nicht zufällig kehren synonyme Adjektive, die Bedeutungen wie »seltsam« oder »wunderlich« zum Ausdruck bringen (»čudnyj«, »divnyj«, »strannyj«), besonders oft wieder. Sie werden in *Schreckliche Rache* nur von dem leitmotivisch, ja magisch wiederkehrenden Adjektiv »schrecklich« (»strašnyj«) übertroffen, das die deutschen Übersetzungen leider meist stilistisch variieren, etwa als »fürchterlich« oder »furchtbar«. So zerstören sie, nicht nur hier, die folkloristische Struktur der Wiederholung. »Nicht eine, nicht zwei Stunden schlagen sich die Kosaken« wird übersetzt als »Stundenlang schlagen sich die Kosaken«. »Nicht einen Tag, nicht zwei reitet er schon über die Berge« wird als »Nicht erst seit gestern« übertragen. Wiederholungen, wiederkehrende Negationen und das heißt letztlich, die folkloristisch verankerte Stilistik und Poetik wird in den vorhandenen deutschen Übersetzungen kaum berücksichtigt.

Bely schreibt Gogol mit seinen Hyperbolismen und Superlativen dem »asiatischen«, nicht dem »klassischen« Stil zu. Seine oft nebulösen, formlosen Bilder entstünden aus Lauten. Das gilt besonders für die früheren ukrainischen Erzählungen, die Bely zwischen 1829 und 1832 ansetzt. In *Schreckliche Rache*, dieser »Lied-Erzählung« – nicht zufällig spiegelt sich die schreckliche Rache in einem ukrainischen Volkslied – stehe der »Geist der Musik« im Zentrum. Er erwachse aus dem frühen Lautreichtum, aus dem »Singen« des ukrainischen Liedes (»duma«), aus Wiederholungen und Parallelismen. Die Lautlichkeit gesprochener und gehörter Sprache ist zentral: Eine Aussage wie »Komm, um mein letztes Wort zu vernehmen« enthält im russischen Original mehr Lautwiederholungen: »Pridi prinjat' poslednee slovo.« »Die Stube erstrahlte im Licht« kann lautlich nicht konkurrieren mit »svetlica osvetilas svetom«, das als *figura etymologica* das russische Wort für »Licht« (»svet«) dreimal wiederholt.

»Aus dem Laut wird das Bild geboren« schreibt Bely, vor allem das von Kleinrussland. Dieser Gogol schwärmt von seiner ukrainischen Herkunft, Kleinrussland ist ihm »Heimat der Seele« (Bely). Heimische Natur, Pflanzen, Flüsse prägen das Frühwerk. Vor allem der Dnjepr vereint Lautlichkeit mit dem bei Gogol so wichtigen Farbsymbolismus. Bestimmte Laute wecken bestimmte Farbassoziationen. Die in der ukrainischen Folklore zentrale Farbe »rot« ist die des Zauberers. Im 15. Kapitel etwa hat der Zauberer »feurige Augen«. Er ist auch rot gekleidet. Die Farbe Rot dominiert in Gogols frühem Werk. Lautmetapher und Farbe verbinden sich. Für den Philosophen Wilhelm Wundt hat das Farbenhören seinen Ursprung in der Mystik: Die innere Intonation gleiche einem mythischen »Farbenhören«: »Die Lautmetapher in uns spiegelt eine altertümliche Sprache wider.« Das Farbenhören schafft für Bely die »klingende Grammatik« eines ukrainischen Ganzen.

Im späteren Roman *Tote Seelen* zerfällt dieses Ganze in eine desorientierende Vielzahl von Details. Entsprechend verkehrt sich für Bely auch der Laut vom »einfachen, reinen, melodischen« des Liedes in einen düsteren Klang. *Schreckliche Rache* ist dreimal so farbig wie *Tote Seelen*. Das frühe dominante »rot« wird im Roman zum (deutlich weniger) dominanten »weiß«. Gogol schreibt nun farbloser, unbestimmter. Der frühe Gogol beschreibt die ukrainischen Naturräume, die Landschaft, den Dnjepr, den Mond u. Ä., weniger das Rauminnere. Innenräume und deren Gegenstände fehlen in *Schreckliche Rache* weitgehend. In *Tote Seelen* hingegen werden Innenräume häufiger dargestellt, beim Gutsbesitzer Manilow sogar als übervoll.

Wesentlich ist in *Schreckliche Rache* die »gläserne« Wirklichkeit der Natur, etwa des Wasser-Spiegels. Die dem Original am nächsten kommende Übersetzung von Michael Pfeiffer (1980) transformiert die metaphorisch-folkloristische Poetik des Originals jedoch ins allzu Realistische. Der Fluss Dnjepr erscheint im Original als »Spiegel« bzw. als »Spiegelstraße«. Dennoch wird das Adjektiv für »gläsern« in Bezug auf das Wasser mit »kristallklar« übersetzt. In der Übersetzung kann sich – anders als im Original – die Sonne nicht in einem gläsernen Flussspiegel spiegeln und »sich selbst betrachten«. Sie »blickt« deshalb – ebenso in der Übersetzung von Alexander Eliasberg (1924) – nur konkret »von ihrer Höhe«. Die poetische Doppelung des Glasspiegels, die auch kompositorisch zentral ist, geht in beiden Texten verloren.

Schon in Gogols frühen Erzählungen werden Gesten und Bewegungen durch wenige Wörter geschaffen. Später dann dehnt sich die Langsamkeit weiter aus, gibt es in der Erzählung *Die Nase* zahllose Pausen. Figuren, etwa der Romanheld Tschitschikow, werden hölzern, erstarren zu Marionetten. Im Drama *Der Revisor* (1835) ersterben Gesten und Posen. Gogol selbst erstirbt in St. Petersburg. Teile, Nasen etwa, Mikroskopisches werden dort zu einem Ganzen. In der besingenden Frühphase dominiert hingegen das Kosmische, streiten im Innern der Erde Feuer und Wasser. In *Schreckliche Rache* wechseln Szenen im rhythmischen Galopp der Pferde, so wie die Laute in »kon', kak ogon'« (»ein Pferd wie Feuer«). Vor allem durch Verben der mündlichen Rede schafft Gogol Dynamik: Das Beil »dringt nicht ein«, es »rannte durch die Tür«, Wege »eilen dahin«, das »Wasser ergießt sich«, auf Bällen »tanzt man sich aus«. Diese auch für die Zeit ungewöhnlichen, anschaulichen Verben sind solche der Intensität und einer komplexen Plastizität, wie auch die »grünlockigen Wälder« oder der »eintönige Lärm«. Spannung und Dynamik entstehen in *Schreckliche Rache* ebenso durch das Kontrastieren von Wiederholungen und durch ihr Anwachsen. Plötzlich reißen sie spannungsvoll und kontrastiv ab, eine erneut futuristisch anmutende Dissonanz: Der Mensch schwankt zwischen der Größe eines Bergs und einer Fliege.

Die sich singend und im Kreis tanzend vereinenden Kosaken unterstreichen so ihre Herkunft kompositorisch und poetologisch. Die »Welt der Ukraine« ist ihr Herkunftsland, in dem die Großväter als »Tote« in und durch ihre Nachfahren lebendig sind. Heimat, Herkunft ist hier das, was die Seele sucht. Alles was dem entgegenwirkt, Herkunftslosigkeit, verbindet sich beim frühen Gogol mit der »unreinen Kraft« des »Teufels«, der Schweine und der »Moskauer« (»moskal'«). Der Zauberer, der so lange bei den katholischen Polen lebte, gilt als Fremder, als Inkarnation des Antichristen, als Teufel. Für Danilo, den Ehemann Katerinas und Schwiegersohn des Zauberers, fehlt dem aus der Fremde Kommenden das Kosakenherz. Wer ist dieser Vater, den die Tochter – typisch für Gogols Verfahren der Negation, durch das er die Darstellung konkreter Wirklichkeiten verweigert – »Nicht-Vater« nennt? Ein Abgrund? Schließlich begehrt er die eigene Tochter zur Frau, tötet seine Familie, den Schwiegersohn, den Enkel, die Tochter, auch den Einsiedler. In dem Lied des Banduraspielers weitet sich all dies erneut mythologisch. Die Schuld an diesem Sterben liege nicht beim Zauberer, dem Antichristen, sondern beim Ende des ukrainischen Geschlechts. Es sei das Geschlecht, das durch Polen und »Moskauer« zugrunde gehe. Doch die Herkunft des Zauberers bleibt dunkel: Jenseits der Karpaten klaffe ein »Loch«.

Der Russe Andrei Bely hat die Bedeutung des ukrainischen Gogol früh erkannt und wie kein anderer gewürdigt. Gogol schreibt seine Erzählung bereits in St. Petersburg. In die ukrainische Heimat wird er in seinem Leben, das er von nun an vorwiegend im westlichen Europa verbringen wird, nur mehr selten zurückkehren. Doch erkundigt er sich bis zuletzt über deren Volkskultur. Sie lässt ihn ebenso wenig los wie der teuflische Zauberer der *Schrecklichen Rache*, der in seinen folgenden literarischen Werken in zahlreichen Gestalten wiederkehrt, vor allem in den Beamten des Romans *Tote Seelen*. Gogol ist und bleibt ein Rätsel zwischen Gott und Teufel.

»In jedem Ukrainer steckt ein kleiner Gogol«

Hamid Ismailov

Der Schriftsteller Nikolaj Gogol ist gleichermaßen heiter und unheimlich. Ich beginne mit einer lustigen Begebenheit, wie im Übrigen auch die Erzählung, die Sie in Händen halten. In den Breschnew-Jahren, der sogenannten »Zeit der Stagnation«, die zugleich meine Studentenzeit war – ich studierte parallel an der biologischen und der juristischen Fakultät der Universität Taschkent –, schrieb ich, obschon ich damals bereits als Dichter und Autor angesehen wurde, mit Vergnügen für meine Freunde ihre Semesterarbeiten. Selbstverständlich einzig zu dem Zweck, mein enzyklopädisches Wissen unter Beweis zu stellen. Eine meiner Freundinnen arbeitete als Sekretärin im Parteikomitee, einer der bedeutenden Behörden, jedoch nicht als Sekretärin der Partei, sondern als Schreibkraft im Sekretariat; häufig übertrug sie meine Gedichte und Übersetzungen ins Reine. Diese Sekretärin, eine einfache Frau, absolvierte nebenbei ein Fernstudium an der philologischen Fakultät der Universität. Und da sie von meinen literarischen Neigungen wusste, bat sie mich irgendwann ihrerseits um Hilfe. Sie musste eine Semesterarbeit zum Thema »Gogol und Bulgakow« verfassen.

Das war just zu der Zeit, als der wiederentdeckte Bulgakow landauf, landab in aller Munde war, und alle in einem Rutsch *Meister und Margarita*, *Die weiße Garde* und *Aufzeichnungen eines Toten* lasen; insofern schien mir das Thema verlockend zu sein, und ich machte mich sofort an die Arbeit. Die Schicksale dieser beiden großen Schriftsteller wiesen viele Gemeinsamkeiten auf: Beide sind in der Ukraine geboren, beide zog es in die Hauptstadt des Reiches, und beide wurden berühmte russische Schriftsteller. Was mich indes weit mehr interessierte, war Folgendes: Gogol hatte mit den mystischen Phantasmagorien *Abende auf dem Weiler bei Dikanka* und *Die Nase* begonnen und sich mit voranschreitendem Alter als Schriftsteller mehr und mehr dem Realismus und der Satire des *Revisors* und der *Toten Seelen* zugewandt. Der Werdegang Bulgakows hingegen verlief genau entgegengesetzt: Von der Alltagssatire der *Schicksalhaften Eier* und dem Realismus der *Weißen Garde* oder *Der Flucht* hatte er sich zur Phantastik und Mystik von *Hundeherz* oder *Meister und Margarita* entwickelt. Also stellte ich diese beiden Entwicklungslinien fein säuberlich dar. Hochzufrieden mit meiner Arbeit überreichte ich sie meiner Freundin, der Sekretärin, die sie auf der Stelle ins Reine übertrug und das Manuskript in den Papierkorb beförderte. Und auch ich selbst hatte darüber, wie zufrieden ich mit meiner Arbeit war, gänzlich vergessen, die Freundin um den vierten oder fünften Maschinendurchschlag zu bitten. Kurz gesagt, war, wie es schien, dieses Kapitel abgeschlossen. Doch etwa eineinhalb Monate später, als ich abermals mit einem Stoß neuer Gedichtmanuskripte zu der Freundin kam, ergriff sie entsetzt meine Hand und rief, ganz wie eine Panotschka aus dem Werk Gogols, mit zerzaustem Haar und großen glühenden Augen: »Was hast du bloß mit mir angestellt? Deine Arbeit wurde nicht nur als Diplomarbeit anerkannt und nicht nur beim Nachwuchswissenschaftlerwettbewerb eingesendet, jetzt verlangen sie von mir auch noch, eine Doktorarbeit zu diesem Thema zu verfassen!«, woraufhin sie meine Hand streichelte und leise hinzusetzte: »Du wirst mir doch helfen, nicht wahr?«

Herrjemine, wie Gogol und Bulgakow zog auch ich um meines Teils vom Ruhm willen in die Hauptstadt des Reiches, und ich weiß nicht, womit diese schrecklich-lustige Geschichte geendet hätte, mit der Gogol und Bulgakow sich über mich Nichtsahnenden und die naive Freundin und Sekretärin lustig machten: Aber eines ist mir seit damals klar, die Mystik Gogols ist unberechenbar.

Und ebenso unberechenbar zwischen Frohsinn und Angst changieren Gogols Schriften, einschließlich der erstmals 1831 als Teil des allerersten Buches von Gogol, den *Abenden auf dem Weiler bei Dikanka* veröffentlichten »Schrecklichen Rache«. Warum unberechenbar? Ich beginne damit, wie der Text zu seiner Entstehungszeit gelesen und rezipiert wurde. Als Erster äußerte sich der Literaturkritiker Nikolaj Polewoj; er tadelte den Text ob der »Armseligkeit der Vorstellungskraft«, dem Fehlen »eines Gedankens«, der »Unzulänglichkeit des Ausdrucksvermögens« sowie »dem Unvermögen, den Leser angesichts der Einzelheiten bei der Stange zu halten«.[1]

Dafür schrieb der große Alexander Puschkin im »Brief an den Verleger der ›Literarischen Ergänzungen für den Russischen Invaliden‹« Ende August 1831:

> Ich habe eben *Abende auf dem Weiler bei Dikanka* zu Ende gelesen. Ein erstaunliches Buch! Da findest Du Humor, echten Humor der ungezwungensten Art ohne jede Gefühlsduselei oder Affektiertheit. Und was mehr ist – welche Poesie, welche Delikatesse des Gefühls in bestimmten Passagen! All dies ist so unüblich in unserer Literatur, daß

> ich es immer noch nicht fassen kann. Man hat mir berichtet [...], daß die Drucker, als der Autor die Druckerei betrat, wo die *Abende* gesetzt wurden, vor Vergnügen zu kichern und zu prusten begannen, worauf der Aufseher ihre Fröhlichkeit damit erklärte, daß er dem Autor bekannte, sie hielten sich den Bauch vor Lachen bei der Arbeit an seinem Buch. Molière und Fielding wären wahrscheinlich froh gewesen, wenn sie ihre Schriftsetzer zum Lachen gebracht hätten. Ich beglückwünsche die Leserschaft zu einem wirklich vergnüglichen Buch.[2]

Und er setzt hinzu: »Dem Autor wünsche ich von Herzen weitere Erfolge.«

Angefangen mit Puschkin betonten Leser und Kritiker den Humor und die Exotik dieser Erzählungen. Folgendes schrieb der bekannteste russische Literaturkritiker Wissarion Belinski in einem Artikel über die russische Literatur im Jahr 1841 zu diesen Erzählungen Gogols: »Die Komik hat Witz, das Lächeln eines jungen Burschen, der Gottes wunderbare Welt willkommen heißt. Da ist alles hell, alles glänzt vor Freude und Glück; die finsteren Geister des

Lebens mit ihren schweren Vorahnungen beirren das ob der Fülle des Lebens bebende Herz des Jünglings nicht.«[3]

Und schließlich führe ich die Einschätzung Alexander Herzens an: »Die Erzählungen, mit denen Gogol erstmals hervortrat, sind eine Serie wahrhaft schöner Bilder, welche die Gebräuche und Natur Kleinrusslands abbilden, – Bilder, voller Fröhlichkeit, Anmut, Lebendigkeit und Liebe. Solche Erzählungen sind in Großrussland unmöglich ...«[4]

Und nun noch, wie Gogol selbst sich die Heiterkeit seiner ersten Werke erklärte:

> Der Grund für die Fröhlichkeit, die man in meinen ersten im Druck erschienenen Werken bemerkte, lag in einem gewissen seelischen Bedürfnis. Ich litt an Anfällen einer mir selbst unerklärlichen Schwermut, die vielleicht auf meinen kränklichen Zustand zurückzuführen war. Um mich abzulenken, dachte ich mir allerlei Komisches aus, was ich nur irgend ersinnen konnte. Ich erfand kauzige Personen und Charaktere, versetzte sie in Gedanken in die komischsten Situationen, ohne mich überhaupt darum zu kümmern,

> warum und wozu, und wer davon irgendwelchen Nutzen hätte.[5]

Es ist festzustellen, dass in allen Beurteilungen der *Abende*, einschließlich der »Schrecklichen Rache«, welche die »Heiterkeit«, »Komik« und »Exotik« in den Vordergrund rücken, ein Stück weit der großrussische imperiale Chauvinismus auszumachen ist, so ein hochnäsiger Blick von oben herab auf die folkloristischen, schier heidnischen Gebräuche der »Kleinrussen«, wie man damals die Ukrainer nannte, also, hach, wie fröhlich und naturverbunden leben doch unsere kleinen Brüder, wie sie Ringelreihe tanzen, singen und an weiß der Teufel was glauben ... Wohlan, mögen sie so leben, solange sie nur friedlich bleiben ...

Erst als das Russische Reich zu Beginn des 20. Jahrhunderts begann, Zerfallserscheinungen zu zeigen, änderte sich die Lesart des frühen Gogols merklich. Neben oder eher anstatt der »Heiterkeit« erkannten die Schriftsteller, Dichter und Kritiker des russischen »Silbernen Zeitalters« – selbst erfüllt von Dekadenz und Mystik – die »unheimliche« Seite des frühen Gogols. Wie etwa Boris Sajzew es ausdrückt, lassen die *Abende auf dem Weiler bei Dikanka* einen gewissermaßen »diabolischen Beigeschmack«[6]

erkennen; und der Gogolforscher Wilhelm Hippius konstatiert, das Hauptthema der *Abende* sei »das Eindringen des Dämonischen in das Leben der Menschen und der Kampf dagegen«.[7]

Eine vollkommen andere, vernichtende Bewertung der frühen Werke Gogols gibt Vladimir Nabokov ab: »In seinen schlechtesten Werken – in diesem ganzen ukrainischen Kokolores – ist er ein miserabler Autor, in seinen besten ist er unvergleichlich.«[8] Außerdem schreibt er: »Wenn mir nach einem saftigen Alptraum zumute ist, brauche ich mir nur vorzustellen, wie Gogol in kleinrussischem Dialekt einen Band nach dem anderen mit *Dikanka*- und *Mirgorod*-Zeugs über Gespenster, die die Uferbänke des Dnjepr heimsuchen, possenhafte Juden und schneidige Kosaken herunterschreibt.«[9]

Auch Wassili Rosanow nahm Gogol nicht für voll, er schrieb: »Die Erscheinung Gogols war für die Rus ein größeres Unglück als das Mongolische Joch«; »Gogol löste eine Schraube im Inneren des russischen Dampfschiffs, wonach das Dampfschiff begann zu zerfallen, er ›öffnete die Schleusen‹, hernach begann Jahr für Jahr die unaufhaltsame, langsame Flutung Russlands«.[10]

Das sowjetische Imperium las den frühen Gogol auf seine Weise. Nun setzte man bereits den Schwerpunkt auf den ideologischen Gehalt und die Klassenzugehörigkeit. Hier einige typische Exzerpte über die *Abende* im Allgemeinen und die »Schreckliche Rache« im Besonderen aus sowjetischen Büchern:

> Der ideologische Sinn der *Abende auf dem Weiler bei Dikanka* bestimmt sich durch die volksdemokratischen Ansichten Gogols. Diese Ansichten formten sich bei dem Schriftsteller unter dem Einfluss der Befreiungsbewegung, des gesamten sozialen und alltäglichen Umfeldes sowie der mündlichen Dichtung und der progressiven Literatur.[11]

> Indem er die Idee des Volkes und seine eigenen Träume von gerechten, vernünftigen und sozialen Beziehungen und von einem idealen Menschen, der moralisch und körperlich schön ist, in den *Abenden* widerspiegelt, stellt Gogol das Gute über das Böse, die Großzügigkeit über die Selbstsucht, den Humanismus über den Egoismus, den Mut über die Feigheit, die Tatkraft über die Faulheit und den Müßiggang, den Edelmut über die Niedertracht und die Ge-

> meinheit sowie die vergeistigte Liebe über rohe Sinnlichkeit. Der Schriftsteller überzeugt seine Leser davon, dass die Macht des Geldes zerstörerisch ist, dass das Glück nicht durch Verbrechen, sondern das Gute zu erlangen ist, dass die menschlichen, irdischen Kräfte über die teuflischen siegen und dass die Verletzung der natürlichen, volksmoralischen Gesetze, der Verrat am Vaterland schwerste Bestrafung verdient.

Oder lesen Sie hier, was in ebenjenen marxistisch-bolschewistischen Büchern über die »Schreckliche Rache« zu lesen war:

> In dem skizzierten Porträt des Danilo Burulbasch (»Schreckliche Rache«) werden bylinisch-reckenhafte Eigenschaften betont. Sogar sein Schlaf ist »der eines tapferen Helden«. Seine Sprechweise spiegelt sein stürmisches Temperament, seine Hitzigkeit und seine Tüchtigkeit wider, sie ist fast immer dynamisch, pathetisch und erregt, dies wurzelt in den sprachlichen Quellen des volkstümlichen Denkens und den Bylinen: »Nein, mein Kind, niemand

wird dir ein Haar krümmen. Du wächst zum Ruhm des Vaterlandes heran, wie ein Sturmwind wirst du den Kosaken vorausjagen.« Oder: »O ihr Zeiten, ihr Zeiten! Vergangene Zeiten! Wohin seid ihr entschwunden, meine Jahre?« Bei der Analyse der Gestalt des Danilo Burulbasch betonten einige Schriftsteller, ihn vereinfachend, dass er ein »reicher Ackerbauer« sei, und zogen davon ausgehend unmittelbar den Schluss, dass Gogol mit ihm sympathisierte und sich an der »Kosakenaristokratie« orientierte. Danilo Burulbasch interessierte Gogol jedoch durchaus nicht als Feudalherr. Er verlieh seinem Helden lediglich die Züge, die ihn mit dem Volk verbinden, die Züge eines flammenden Patrioten, Kämpfer für die Unabhängigkeit seines Vaterlandes und Hüters der nationalen volkstümlichen Moralvorstellungen und -Prinzipien.

Wie Sie sehen, interpretierte jede Epoche der russischen Geschichte die frühen »ukrainischen« Werke Gogols, zu denen auch die »Schreckliche Rache« zählt, auf ihre Weise. Mein Freund und Altersgenosse, der verstorbene russische Dichter Aleksej Parschikow, der, wie auch Gogol, in Kleinrussland geboren war, erdachte eine Theorie der Übersetzung von Gedichten. Die Gedichte wurden erst in eine bestimmte andere Sprache übersetzt und anschließend rückübersetzt: Das Original-Gedicht ist desto besser und reicher, je öfter sich dies bewerkstelligen lässt, ohne Tautologien zu verwenden. Meiner Ansicht nach verfügen auch die *Abende* samt der »Schrecklichen Rache« über einen solchen Vorrat an Interpretationen, was wiederum mit Parschikow ein Kennzeichen ist für ein echtes Werk der Wortkunst.

Nun scheint es an der Zeit, über die aktuelle Lesart Gogols am Beispiel der »Schrecklichen Rache« zu sprechen. Aber so wie der Zauberer ganz am Anfang dieser Erzählung mitten in die Kosakenhochzeit hineinplatzt und alles Weitere unvorhersehbar macht, ist es auch in meinem Fall. Bislang verlief alles glatt, ich unterhielt Sie, die Leser, mit Anekdoten und einem ruhigen Erzählfluss, aber nun komme ich in Turbulenzen. Denn selbstverständlich interpretiert jeder Leser selbst, er re-kreiert und partizipiert schöpferisch. Die einzige Möglichkeit, Ihr Interesse zu wecken, ist also, Ihnen zu vermitteln, wie der Schriftsteller namens Hamid Ismailov diese Erzählung liest, analysiert und versucht zu verstehen.

Ich will ganz offen sein, vor dem 24. Februar 2022, an dem die russischen Truppen in die Ukraine einmarschierten, hätte ich »Schreckliche Rache« in einem völlig anderen Kontext gelesen als jetzt, da plötzlich ein vollkommen neuer, nahezu prophetischer Inhalt sichtbar wird. Die Erzählung setzt mit einer Kosakenhochzeit in Kiew ein, einer zunächst heiteren und glücklichen Szene, bis der Gastgeber, der Kosakenhauptmann Gorobez, der die Hochzeit für seinen Sohn ausrichtet, die heiligen Ikonen in die Höhe hebt und sich plötzlich offenbart, dass sich unter den Gästen auch ein schrecklicher Zauberer getarnt hat; die Ikonen verjagen diese Ausgeburt des Satans zwar von der Hochzeitsfeier, die in vollem Gang ist, doch ist der Lauf, den das Leben normalerweise genommen hätte, bereits zunichte. Denn nun steht die Frage im Raum: Wer ist dieser Zauberer und warum tauchte er unter den anderen Hochzeitsgästen auf? Fertig ist die Intrige.

Eigentlich stimmt das nicht so ganz. Denn fertig war die Intrige ja schon früher, nämlich im Titel der Erzählung, der ursprünglich lautete: »Die schreckliche Rache, eine alte Mähr«. Was für eine Rache? Warum ist sie schrecklich? Welche Mähr? Von wem handelt sie? Die erste Szene spitzt diese Intrige bloß zu.

Im zweiten Kapitel verlegt Gogol die Handlung an den Dnjepr, also an den Fluss, der ebenso die ganze Ukraine wie die ganze Erzählung durchzieht, weshalb er den natürlichen Hintergrund bildet, was dem Geschehen eine bestimmte Stimmung sowie ein bestimmtes Kolorit verleiht. Über den Dnjepr an das andere Ufer nach Hause führt der Heimweg des Kosaken Danilo Burulbasch, seiner schönen Frau Katerina und seines einjährigen Sohnes Iwan sowie einiger anderer Kosaken. Am Anfang der Erzählung fließt der Dnjepr ruhig und hell, seine hügeligen Gestade, an denen ein Friedhof liegt, spiegeln sich ebenmäßig auf dem Wasser. Katerinas Seele indes ist aufgewühlt. Die Erzählungen vom schrecklichen Zauberer machen ihr Angst. Plötzlich ertönt ein grauenerregendes Ächzen, aus den Gräbern sind nacheinander Schreie zu hören, es tauchen furchterregende Tote auf. Da beginnt auch der Dnjepr anders auszusehen, er »schimmerte silbern wie ein Wolfsfell in der Nacht«.[12] Wie soll man da nicht an die Massengräber der Zivilisten denken, die in Isjum von den Okkupanten ermordet wurden, oder aber im Gegenteil an die in Sibirien verborgenen Gräber der Söldner der berüchtigten Wagner-Truppen?![13]

Im nächsten Kapitel tritt ein weiterer Protagonist der Erzählung in Erscheinung: Katerinas Vater. Er hat eine bewegte Vergangenheit: 21 Jahre verbrachte er in der Fremde, einer Reihe von Bemerkungen zufolge bei Türken und Tataren, obwohl Gogol das nicht explizit ausführt. Von dort kehrte er mit einem zornigen und mürrischen Herzen zurück, keinem »Kosakenherz«, wie Danilo ihn schildert. Und nun sorgt er für einen Eklat, anfangs mit seiner Tochter, dann auch mit seinem Schwiegersohn, da Katerina und Danilo unterwegs waren und erst spät heimkehrten. Aus dem Streit wird ein blutiges Gefecht, das damit endet, dass der Alte Danilo verwundet, und nur Katerinas Eingreifen kann Danilo davon abhalten, auf den Alten zu schießen.

Und hier, da Katerinas Vater und der Ehemann Katerinas erstmals miteinander kämpfen, hatte ich abermals eine undeutliche Empfindung einer Art Parallele, und nachdem ich etwas nachgedacht hatte, verstand ich, dass die sich mir aufdrängende Parallele der zwar noch nicht flächendeckende Krieg, aber die lokalen Zusammenstöße im Donbas und in Luhansk aus dem Jahr 2014 war. Ob dieser Zusammenstoß wohl noch blutiger wird?, dachte ich und las weiter.

In den folgenden Kapiteln lüftet Gogol das Geheimnis um den Zauberer. Zunächst erzählt Katerina ihrem Mann einen Traum: Ihr Vater sei ebenjener schreckliche Zauberer. Am Abend bemerkt Danilo, dass in einem der Fenster des schwarzen Schlosses Licht brennt. Er schickt sich an nachzusehen, was dort vor sich geht. Burulbasch sieht Katerinas Vater zum Fluss hinabsteigen. Danilo folgt ihm. Vom Wipfel einer Eiche beobachtet er, wie der Schwiegervater das Zimmer betritt und sich in einen scheußlichen Alten verwandelt. Der Zauberer ruft die Seele Katerinas herbei. Diese bezichtigt den Vater des Mordes an ihrer Mutter. Der Zauberer verlangt von seiner Tochter, seine Frau zu werden. Entrüstet lehnt die Seele des Mädchens ab. Das hat Katerina geträumt, aber Danilo sagt ihr, dass es gar kein Traum war.

Nun nehmen die Ereignisse Fahrt auf. Ein Streit und die Versöhnung Danilos mit Katerina, die Tochter sagt sich vom Vater los. Danilo legt den Alten, also den Zauberer, in Ketten und sperrt ihn ins Verließ. Wie viele Verbrechen hat der Vater bzw. Zauberer auf dem Buckel?! Es geht ja auch um den Verrat und die heimtückische Verschwörung mit den Polen gegen die orthodoxen Ukrainer, den Mord an seiner Frau – der Mutter Katerinas – und den versuchten

Inzest, also die Heirat mit seiner eigenen Tochter. Richtet sich die bevorstehende schreckliche Rache nicht genau darauf? Denn nun sind auch die Wellen des Dnjepr »rot wie Blut [...] und schlagen an die uralten Mauern«,[14] in denen der Zauberer in Ketten liegt.

Aber Gogol spinnt die Intrige weiter. Katerina, die den Überredungskünsten und dem Flehen ihres sündigen Vaters nachgibt, da er ihr nun verspricht, nurmehr um Vergebung für seine Sünden zu bitten, entlässt diesen in die Freiheit, wonach sie versteht, dass sie etwas Unwiderrufliches getan hat. Droht nun ihr die schreckliche Rache durch ihren erzürnten Mann? An dieser Stelle wurde mir klar, dass einerseits etwas Katerina mit der Ukraine verbindet und andererseits etwas den Zauberer bzw. Vater mit dem russisch-sowjetischen Reich.

Katerina befürchtet, dass ihr Mann sie umbringen wird, sobald er von der Befreiung des Vaters erfährt. Ihr Mann verstärkt diese Befürchtung, da er sagt, es gebe keine Strafe, die einem solchen Tun angemessen wäre. Allerdings denkt Danilo, dass der Zauberer mithilfe seiner Zauberkräfte entflohen ist. Im Kerker liegt nun statt seiner ein alter Baumstumpf in Ketten. An wem wird Danilo sich jetzt rächen?

Hier führt Gogol die Polen in die Handlung ein: Die katholischen Polen sind die Todfeinde der orthodoxen ukrainischen Kosaken. Sie fallen über Danilos Weiler her, und eine echte Schlacht beginnt, die in meiner Leserimagination sofort Parallelen zum Krieg evoziert, der am 24. Februar 2022 begann. Dieser bedeutet jedoch nicht Dutzende, wie in der Erzählung, sondern Zehntausende Tote und Verwundete, und nicht ein Weiler wurde dem Erdboden gleichgemacht und in Brand gesteckt, sondern ein ganzes Land … Im Kampf wird Danilo vom Alten bzw. Zauberer getötet, durch einen Schuss aus der Muskete streckt er seinen Schwiegersohn nieder. Katerina vergießt um ihn die untröstlichen Tränen der Witwe, wie die Ukraine weint sie und ist von schrecklichem Rachegefühl erfüllt …

Das zehnte, anschließende Kapitel beginnt Gogol mit der berühmten Beschreibung des Dnjepr:

> Wunderlich ist der Dnjepr bei ruhigem Wetter, wenn er seine reichen Wasser frei und leicht durch die Wälder und Berge trägt. Kein Rauschen, kein Dröhnen. Man schaut hin und weiß nicht, bewegt er sich, bewegt er sich

nicht in seiner majestätischen Breite, und es kommt einem so vor, als sei er ganz aus Glas gegossen und als ob eine blaue Spiegelstraße ohne Maß in der Breite, ohne Ende in der Länge durch die grüne Welt ströme und sich winde. Auch die heiße Sonne freut sich an solchen Tagen, sich aus der Höhe selbst zu betrachten und ihre Strahlen in seine kühlen gläsernen Wasser zu tauchen, und die Uferwälder haben ihre Freude daran, sich klar im Wasser zu spiegeln. Diese Grüngelockten! Sie drängen sich zusammen mit den Feldblumen zu den Wassern, beugen sich über sie, schauen hinein und können sich nicht sattsehen und gar nicht genug freuen an ihrem lichten Spiegelbild, und sie lächeln ihm zu, und sie grüßen es mit ihren Zweigen winkend. Doch in die Mitte des Dnjepr wagen sie nicht zu schauen: Niemand außer der Sonne und dem blauen Himmel schaut da hinein. Selten fliegt ein Vogel bis zur Mitte des Dnjepr.[15]

Diese Beschreibung, für sich aus der Erzählung herausgelöst, mussten wir sowjetischen Schüler auswendig lernen wie ein Lied von der

Schönheit des sowjetischen Stroms, an dem die berühmten sowjetischen Hydro-Elektro-Werke erbaut waren. Tatsächlich aber kann man es und sollte es wohl als literarisches Manifest Gogols oder als schöpferisches Credo des Autors der »Schrecklichen Rache« lesen. Es lässt einem auch die Bedeutung des Wortes »gogol'« durch den Kopf gehen, es bezeichnet eine bestimmte Ente, und wer, wenn nicht eine Ente, kennt die Mitte des großen Flusses …

Während ich jetzt wieder diese Zeilen lese, hat sich vor meinen Augen eine Katastrophe zugetragen: Nachdem der Kachowka-Staudamm gesprengt wurde, um die Gegenoffensive der ukrainischen Truppen aufzuhalten, ist die Südukraine überflutet.[16]

Aber wir haben uns, Gogol folgend, vom Zwischenspiel ablenken lassen, nach dem der Autor der »Schrecklichen Rache« wieder zum Zauberer zurückkehrt. Da er sich des Schwiegersohns entledigt hat, holt der Zauberer einen Topf mit einem Kräutertrank hervor und ruft die Seele Katerinas herbei. Mithilfe seiner Zauberkräfte erscheint eine weiße Wolke, in dieser ist ein unbekanntes Antlitz zu sehen. Den Zauberer packt die Angst. Er stürzt den Topf um, und sogleich ist die Spukgestalt verschwunden. Nun haben seine Zauberkräfte ihre Wirkung verloren ... Ob das die schreckliche Rache ist?

Inzwischen übersiedelte die verwitwete Katerina mit ihrem Sohn zum Kosakenhauptmann. Mit dem Kosakenhauptmann fing die Geschichte an, aber wie viel Leben ist zwischen der ersten und dieser Szene den Dnjepr hinuntergeflossen ... Wieder hat Katerina einen Traum: Der Zauberer droht ihr, das Kind zu töten, wird sie nicht seine Frau. Der Kosakenhauptmann und sein Sohn beruhigen die besorgte Mutter, sie werden dem Zauberer keinen Einlass in ihr Haus gewähren. In der Nacht begeben sich alle gemeinsam in ein Zimmer. Aber dann erwacht Katerina schreiend und läuft zur Wiege. Darin liegt das tote Kind. Ob dies wohl jene schrecklichste Rache ist? Und nun tauchen vor meinen Augen die Geschichten der unglückseligen Mütter auf, die ihre Kinder in diesem Krieg verloren haben oder fürchten, ihre Kinder zu verlieren, und auf die Körper der lebenden Kinder ihre Adressen schreiben ...[17]

Nabokov schrieb einmal: »Der unerschütterliche Puschkin, der sachlich-nüchterne Tolstoj, der zurückhaltende Tschechow, sie alle hatten ihre Augenblicke irrationaler Einsicht, die den Satz unscharf werden ließ und gleichzeitig eine verborgene Bedeutung bloßlegte, welche den plötzlichen Wechsel in der Scharfeinstellung rechtfertigt. Bei Gogol jedoch ist diese Verschiebung die eigentliche Grundlage seiner Kunst …«[18]

Es folgt ein harter Schnitt wie im Kino, Gogol verschiebt die Perspektive, die nächste Szene zeigt, wie ein gewaltiger Reiter im Harnisch in den Karpaten auftaucht. Mit Lanze und Säbel an der Seite reitet er auf seinem Ross über die Berge. Die Augen des Recken aber sind geschlossen, hinter ihm sitzt ein schlafendes Kind. Da der Recke den höchsten Berg in den Karpaten erreicht, hält er auf dem Gipfel inne. Wer ist er und was ist das?

Es folgt eine weitere Verschiebung, Katerina verliert den Verstand. Sie bezeichnet ihre alte Njanja als Hexe. Sie glaubt, ihr Sohn schlafe und ihr Mann sei lebendig begraben. Sodann beginnt sie zu tanzen und singt wahnsinnige Lieder. Auf einmal taucht ein ihr unbekannter Gast auf. Er behauptet, ein Freund von Katerinas Mann gewesen zu sein und die Witwe sehen zu wollen. Ihr Gast erzählt von Reisen mit Danilo, und Katerina hört den Mann im Vollbesitz ihrer geistigen Kräfte an. Als der Gast jedoch sagt, Burulbasch hätte ihn beauftragt, Katerina zu heiraten, wenn er stirbt, erkennt sie in ihm ihren Vater. Ob ihres Kummers von dem Wunsch nach Rache durchdrungen, stürzt sich Katerina mit einem Messer auf ihn. Dem Zauberer gelingt es, seiner Tochter die Waffe zu entreißen, sie zu töten und sich daraufhin zu verstecken. Tot ist Danilo Burulbasch, tot ist sein Sohn, der einjährige Iwan, und tot ist seine Frau, die schöne Katerina ... Angesichts all dessen, ist nicht die schrecklichste Rache die, die es nicht gelang, zu vollziehen? ...

Ich sprach von Parallelen und führte jene an, die in meinem Leserbewusstsein aufkamen: In dem Zauberer sah ich das sowjetisch-russische Imperium, in Katerina die junge, unabhängige Ukraine. Erschrocken dachte ich nun, droht Letzterer also auch ein so beklagenswertes Ende?

Aber Gogol führt uns auf unvorhersehbaren Pfaden. Im Kiewer Gebiet trägt sich ein Wunder zu: Plötzlich konnte man alles in weiter, weiter Ferne sehen, bis zur Krim, nach Siwasch und in die Karpaten. Auf dem allerhöchsten Berg namens Kriwan erscheint ein Ritter hoch zu Ross. Zutiefst erschrocken erkennt der Zauberer das Gesicht, welches er während der Anrufung in der Wolke sah. Verzweifelt jagt der Zauberer nach Kiew an die heiligen Orte.

Ein greiser Mönch im Schima-Gewand sitzt in seiner Zelle und liest ein heiliges Buch. Plötzlich dringt der Zauberer bei ihm ein und bittet, er möge für ihn beten, aber der Mönch kommt der Bitte nicht nach. Denn in dem Buch füllen sich die Buchstaben mit Blut an. Im Zorn tötet der Zauberer den Mönch und macht sich von dannen. Er hat die Absicht, auf die Krim zu den Tataren zu fliehen, sieht sich aber auf dem Weg in die Karpaten. Jeder Versuch des Zauberers, seinen Weg in eine andere Richtung zu lenken, führt ihn immer tiefer in die Berge, bis er auf dem Gipfel beim Ritter anlangt. Der Recke packt den Zauberer und schleudert ihn in eine tiefe Schlucht. In jenem Augenblick kommen Tote herbeigelaufen, wie ein Ei dem anderen gleichen sie ihm und beginnen, an dessen Körper zu nagen. Der größte der Toten will sich aus der Erde erheben, doch es gelingt ihm nicht. Seine erfolglosen Versuche lassen die Erde erzittern. Ob dies die schrecklichste Rache ist, welche der Autor von Anfang an ankündigt? Und wer ist dieser Ritter, und wer sind ebenjene Toten, die am Zauberer nagen? Nein, nicht im Sinne meiner Parallelen, nicht im Sinne dessen, für was Katerina, für was die Ukraine steht, nicht im Sinne einer antirussischen Koalition, nein, im buchstäblichen Sinn werfe ich diese Frage auf.

Und erst jetzt, ganz zum Schluss der Erzählung, nachdem er die »Suspense« über diese lange Zeit aufrechterhalten hat, weiht uns Gogol in das Geheimnis ein.

In Gluchow unterhält ein Banduraspieler das Volk mit Liedern. Er singt davon, wie zu alter Zeit zwei Brüder lebten: Iwan und Petro. Alles teilten die beiden gerecht: Freud und Leid. Da ließ der König verkünden, es gebe eine hohe Belohnung für denjenigen, der den türkischen Pascha fasst. Alsbald brachte Iwan ihm den Pascha und empfing die Belohnung dafür. Sofort teilte er sie mit seinem Bruder, aber fortan war Petro Iwan übel gesonnen. Als sie an einer tiefen Schlucht vorüberzogen, stieß Petro den Bruder mitsamt dem Ross und dessen kleinem Sohn, der mit ihm im Sattel saß, hinab. Damit aller Reichtum ihm gehören würde.

Daraufhin bot Gott Iwan an, eine Strafe für seinen Bruder zu ersinnen. Iwan erbat, dass keiner von Petros Nachfahren glücklich würde, dass diese in Sünde zu leben und nach dem Tod schreckliche Qualen auszustehen hätten. Wenn aber der letzte des Geschlechts stürbe, würde Iwan ihn in die Schlucht hinabstürzen. Und die Vorfahren dieses Sünders erhöben sich aus den Gräbern und nagten dann auf ewig am Körper ihres Nachfahrens. Aber Petro selbst wird sich nicht aus der Erde erheben können, und dies wird für ihn die schrecklichste Qual sein:

»Denn für den Menschen gibt es keine größere Qual, als sich rächen zu wollen und sich nicht rächen zu können.«[19]

Gott ist mit dieser schrecklichen Rache einverstanden, heißt aber Iwan auf dem Berg stehen und auf die von ihm ersonnene Strafe hinabblicken. So geschah es. Auf ewig steht der Ritter auf dem Berg und blickt hinab, dorthin, wo die Toten am Leichnam nagen.

Der eine Bruder verrät den anderen Bruder. Das ist eine der ersten Geschichten der Menschheit, die Geschichte von Kain und Abel, und es ist die Geschichte des mörderischen Bruderkriegs der blutsverwandten Kinder Abrahams oder Russlands gegen die Ukraine. Wahrscheinlich hatte Gogol nicht diese Gedanken im Sinn und nicht jene Parallelen vor Augen, die ich vor meinem inneren Auge sah, als ich »Schreckliche Rache« las. Denn liest man den Text buchstäblich, so kämpfen die orthodoxen ukrainischen Kosaken erst gegen die katholischen Polen, dann gegen die Schweden, mit den andersgläubigen Türken und mit den Tartaren, ja und Gogol selbst verwendet – mit Ausnahme eines einzigen Liedes, das die wahnsinnig gewordene Katerina singt –, nicht die ukrainische »mowa«, was auf Ukrainisch Sprache bedeutet, sondern gibt dem Russischen den Vorzug.

Ein Werk sagt allerdings häufig mehr, als sein Autor intendierte: Denn nicht von der Hand der Polen, Türken oder Tataren, sondern von der Hand des eigenen Schwiegervaters bzw. des Großvaters sterben der Kosake Danilo, die schöne Katerina und ihr Sohn Iwan; und von den Händen seines eigenen Bruders, Petro, wird auch ihr Vorfahre Iwan zusammen mit seinem Sohn getötet. Die Zeit fließt unumkehrbar, der Dnjepr fließt unumkehrbar, einzig das Menschliche, allzu Menschliche kehrt in ewigem Kreislauf wieder und wieder. Und hier verstehen wir, dass nicht von ungefähr der Familienname Danilos »Burulbasch« lautet. Er bedeutet aus dem Türkischen oder Tatarischen übersetzt: »Wende den Kopf um«. Denn nur, wer den Kopf nach hinten umwendet, ist zur Rache fähig.

Das Werk sagt mehr, als der Autor beabsichtigt. Gogol stellt das russisch-ukrainische Orthodoxe als wahres Christentum dem Katholizismus der Polen gegenüber oder dem nichtchristlichen Glauben der Türken und Tataren. Doch die Rache schließlich, welche die Textur der Erzählung durchtränkt und die alle Helden der »Schrecklichen Rache« zum Leben erweckt – sie steht im Gegensatz zur Lehre Christi von uneingeschränkter Vergebung.

Ja, das Werk sagt mehr, als sein Autor intendiert, insofern, als jeder von uns Lesern einen Teil seiner eigenen Erfahrung, seines Lebens und seiner Interpretation einbringt. Vielleicht wird manch deutscher Leser diese Erzählung im Sinne von Tiecks romantischer Novelle *Pietro von Abana* lesen, ein Zusammenhang, auf den viele Forscher hingewiesen haben. Wieder jemand anderes entdeckt darin Motive aus den Märchen der Brüder Grimm, was auf eigentümliche Weise die Verwandtschaft der ukrainischen Folklore mit der europäischen zeigt (denken Sie an Herzens Ausspruch: »Derlei Erzählungen sind in Großrussland unmöglich …«), entgegen der Idee von der einen »Russischen Welt«, die Russland der Ukraine gewaltsam aufzwingt.

Übrigens spricht Gogol selbst in einem seiner nicht abgeschlossenen Werke, den »Betrachtungen Mazepas«, vom ukrainischen Volk: »Aber was konnte ein Volk erwarten, welches sich so sehr von dem Russischen unterscheidet und welches vor Freiheit und tollkühnem Kosakentum strotzte und sein eigenes Leben leben wollte? Ständig drohte es, seine eigene Nationalität zu verlieren und in mehr oder weniger hohem Maß an die Rechte des Volkes des russischen Autokraten angeglichen zu werden.«[20] Diese Worte zeigen eindeutig, auf wessen Seite der Schriftsteller stünde, lebte er zu unserer Zeit … Und sonnenklar ist auch, von wem in jenen schrecklichen Worten aus der »Schrecklichen Rache« die Rede wäre: »Gib Gott, dass alle seine Nachkommen auf Erden kein Glück haben werden! Dass der letzte seines Geschlechts ein so böser Mensch sein wird, wie es ihn auf der Welt noch nicht gegeben hat! Und nach jeder Schandtat sollen seine Ahnen und Urahnen in ihren Särgen keine Ruhe finden und sich unter Qualen, wie sie die Welt noch nicht gekannt hat, aus ihren Gräbern erheben!«[21]

Gogol ist ein Schriftsteller von Weltrang. Dostojewskij soll – als er über die großrussische Literatur des 19. Jahrhunderts nachdachte – gesagt haben: »Wir sind alle aus Gogols ›Mantel‹ hervorgekrochen.« Dem kann man hinzufügen, die phantasmagorische, absurde Literatur Kafkas, Becketts und Ionescos kommt aus der Gogol'schen »Nase«, die *Abende auf dem Weiler bei Dikanka* und *Mirgorod* sind Prätexte einer postkolonialen Literatur, die in den Sprachen der Metropolen geschrieben wird (von Chinua Achebe, Vidiadhar Naipaul und Salman Rushdie), und aus den *Toten Seelen* gingen Anton Tschechow, Michael Bulgakow und Wenedikt Jerofejew hervor …

Zugleich ist Gogol, besonders jetzt, ein ukrainischer Schriftsteller, denn wie einer der Klassiker der ukrainischen Literatur, Iwan Netschuj-Lewyzkyj sagte: »In jedem Ukrainer steckt ein kleiner Gogol, der unter günstigen Umständen hervortritt.« Gerade zwingt man ihn unter widrigsten Bedingungen hervorzutreten mit einer schrecklichen, aber unausweichlichen Rache.

Selbstverständlich würde ich Gogol auch gern lesen wie seine Leser zu Puschkins Zeiten – als ein heiteres und farbenprächtiges Märchen. Und solche Zeiten gab es auch in meinem Leben. Nicht die, als ich für die Parteikomitee-Sekretärin den Gogol-Essay schrieb, sondern viel später. Mein Sohn nahm als Kind Violoncello-Stunden bei dem berühmten bulgarischen Cellisten Stefan Popow – einem Schüler Mstislaw Rostropowitschs. Für diese Stunden fuhren wir von London nach Bedford, und während aus dem Nebenzimmer die wunderbare, dem »Schwan« von Saint-Saëns gleichende Musik erklang, saß ich da und sah die *Vollständigen gesammelten Werke* Gogols in 14 Bänden durch, mal vertiefte ich mich in die jugendliche Verspieltheit der *Abende auf dem Weiler bei Dikanka*, mal in das erwachsene Lachen des *Revisors*. Aber ich erinnere mich, dass ich am meisten von Gogols Notizbüchern beeindruckt war, darin eignete er sich fein säuberlich und unermüdlich das Russische an, er notierte etwa, wie man ein bestimmtes Detail eines russischen Hauses bezeichnet oder wie die Teile einer russischen Kalesche heißen. Denn, wie Mandelstam, gleichsam der erste Erforscher von Gogols Sprache, schrieb, übersetzte Gogol in seinen frühen Werken einfach seine ukrainische Sprache ins Russische, und ebendies macht die Schönheit seines Russisch aus.

Unsere schreckliche Zeit fordert nicht nur andere Lieder, sondern gibt auch einen eigenen Ton vor. Und erweist sich in diesem Licht Gogols »Schreckliche Rache« nicht etwa als Rache an der russischen Literatur, die nicht vermochte zu warnen und das heutige russische Volk abzuhalten vom Putin'schen »Raschismus«?!

Aus dem Russischen von Anja Schloßberger

ANMERKUNGEN

1 Nikolaj Polevoj, »Malorossija, ee obitateli i istorija«, in: *Moskovskij telegraf*, Č. 41, Nr. 17, S. 94 f.

2 Vladimir Nabokov, »Nikolaj Gogol«, in: ders., *Gesammelte Werke*, hrsg. v. Dieter E. Zimmer, Band XVI, Deutsch v. Jochen Neuberger, Hamburg 1999, S. 44.

3 Vissarion Belinskij, »Russkaja literatura v 1841 godu«, in: A. Kotov / M. Poljakov (Podgot. teksta), *N. V. Gogol' v russkoj kritike*: Sb. st., Moskva 1953, S. 106.

4 Aleksandr Gercen, »Žit' vo vse storony ...«, in: *O razvitii revoljucionnych idej*, Moskva 1958, S. 91.

5 Nikolai Gogol, »Die Beichte des Autors«, in: *Gesammelte Werke*, Band 4, Essays und ausgewählte Stellen aus dem Briefwechsel mit Freunden, hrsg. v. Angela Martini, aus dem Russ. v. Imgard Lorenz, Stuttgart 1981, S. 397–447, hier S. 408.

6 Boris Zajcev, »Žizn' s Gogolem«, abrufbar auf http://az.lib.ru/z/zajcew_b_k/text_1935_zhizn_s_gogolem.shtml (Stand 5.12.2023).

7 Vasilij Gippius, *Gogol'*, Leningrad 1924, S. 33.

8 Nabokov, »*Gogol*«, S. 46.

9 Ebd.

10 Vasilij Rozanov, »Mimoletnoe. 1914«, in: *Sobranie sočinenij. Kogda načal'stvo ušlo ... 1905–1906 gg.*, Moskva 1997, S. 195–596, hier S. 196.

11 Dieses und die folgenden Zitate sind enhalten in: A. Sokolov, *Istorija russkoj literatury XIX veka (I-ja polovina)*, Moskva 1976.

12 Dieser Band, S. 17.

13 Vgl. www.amnesty.org/en/latest/news/2022/09/ukraine-mass-graves-in-izium-is-a-macabre-reminder-of-the-cost-

of-russian-aggression/ bzw. https://nypost.com/2023/04/25/secret-mass-grave-of-russian-mercenaries-found-in-siberia/ (Stand 1.12.2023).

14 Dieser Band, S. 45.

15 Dieser Band, S. 61 f.

16 Vgl. www.rferl.org/a/ukraine-nova-kakhovka-dam-destruction/32446609.html (Stand 1.12.2023).

17 Vgl. www.itv.com/news/2022-03-05/mothers-palpable-grief-as-she-loses-18-month-old-son-to-ukraine-war bzw. www.bbc.com/news/world-europe-61071172 (Stand 1.12.2023).

18 Nabokov, »*Gogol*«, S. 172.

19 Dieser Band, S. 91.

20 Nikolaj Gogol', »Razmyšlenija Mazepy«, in: *Polnoe sobranie sočinenij v 14 tomach*, T. 9, Moskva 1952, S. 83 f.

21 Dieser Band, S. 90.

Nikolaj Wassiljewitsch Gogol, 1809 im Gouvernement Poltawa, im Zentrum der heutigen Ukraine, geboren, zog 1828 nach St. Petersburg, wo Alexander Puschkin sich seiner als Freund und Förderer annahm. Seine ersten volkstümlichen Erzählungen *Abende auf dem Weiler bei Dikanka* (1831/32) waren ein Überraschungserfolg. Heute zählt er zu den wichtigsten Autoren des 19. Jahrhunderts. Gogol starb 1852 in Moskau. Eine Neuausgabe seines Hauptwerks *Die Toten Seelen* erscheint 2024 in der Friedenauer Presse.

Walter Koschmal, 1952 geboren, war Professor für Slawische Philologie an der Universität Regensburg, wo er das Ost-West-Zentrum »Europaeum« begründet hat. Er war Herausgeber der *Zeitschrift für slavische Philologie* und *POETICA – Zeitschrift für Sprach- und Literaturwissenschaft*. Zuletzt gab er für die Friedenauer Presse heraus: *Russland und Europa. Aus den Tagebüchern* von Fjodor Dostojewski.

Hamid Ismailov, 1954 geboren, musste seine usbekische Heimat 1992 aufgrund seiner politischen Ansichten verlassen. Seit 1994 lebt er in London, wo er als Journalist für den BBC World Service arbeitete. Seine vielfach ausgezeichneten Bücher sind in Usbekistan bis heute verboten.

Schreckliche Rache erscheint als Buch der Friedenauer Presse. Gegründet wurde die Friedenauer Presse 1963 in der Wolff's Bücherei im Berliner Stadtteil Friedenau, dem sie ihren Namen verdankt. Der Verleger Andreas Wolff, Enkel des Petersburger Verlegers M. O. Wolff, veröffentlichte bis 1971 in loser Folge 36 Drucke. Von 1983 bis 2017 wurde der Verlag von Katharina Wagenbach-Wolff geführt, seit 2020 ist die Friedenauer Presse ein Imprint des Verlags Matthes & Seitz Berlin.

FRIEDENAUER PRESSE
Wolffs Broschur

Erste Auflage Berlin 2024

info@matthes-seitz-berlin.de

Die Übersetzung des Lieds auf S. 73 f. stammt von M. Pfeiffer.

Vorsatz: Zeichnungen von Nikolaj Gogol, entstanden im Kontext seiner Arbeit an dem Erzählband *Abende auf dem Weiler bei Dikanka*.

Gestaltet und gesetzt von ciconia ciconia, Berlin.
Die Herstellung besorgte Hermann Zanier, Berlin.
Gedruckt und gebunden von Art-Druk, Szczecin.

ISBN 978-3-7518-8014-5

www.friedenauer-presse.de